SUCCESSION PAUL LACROIX

(BIBLIOPHILE JACOB)

CATALOGUE DES LIVRES

COMPOSANT

LA BIBLIOTHÈQUE

DU

BIBLIOPHILE JACOB

(DEUXIÈME PARTIE)

VENTE AUX ENCHÈRES PUBLIQUES

Le MARDI 22 Décembre 1885 et jours suivants
à 7 heures 1/2 du soir

28, RUE DES BONS ENFANTS, 28

(Maison SILVESTRE). Salle N° 2, au premier.

Par le Ministère de M° Maurice DELESTRE, Commissaire-Priseur,
27, rue Drouot

*Assisté de M. A. CLAUDIN, Libraire-Expert et Paléographe
Lauréat de l'Institut.*

———————▷—✳—◁———————

PARIS

LIBRAIRIE A. CLAUDIN

3, Rue Guénégaud, 3 (près le Pont-Neuf).

M.D.CCC.LXXXV

CATALOGUE

DE LA

BIBLIOTHÈQUE

DE

FEU PAUL LACROIX

(BIBLIOPHILE JACOB)

DEUXIÈME PARTIE

SUCCESSION PAUL LACROIX

(BIBLIOPHILE JACOB)

CATALOGUE DES LIVRES

COMPOSANT

LA BIBLIOTHÈQUE

DU

BIBLIOPHILE JACOB

(DEUXIÈME PARTIE)

VENTE AUX ENCHÈRES PUBLIQUES

Le **MARDI** 22 Décembre 1885 et jours suivants
à 7 heures 1/2 du soir

28, RUE DES BONS ENFANTS, 28

(Maison Silvestre). Salle N° 2, au premier.

Par le Ministère de Mᵉ Maurice DELESTRE, Commissaire-Priseur,
27, rue Drouot

*Assisté de M. A. CLAUDIN, Libraire-Expert et Paléographe
Lauréat de l'Institut.*

PARIS

LIBRAIRIE A. CLAUDIN

3, Rue Guénégaud, 3 (près le Pont-Neuf).

M.D.CCC.LXXXV

CATALOGUE

DES LIVRES

DE FEU M. PAUL LACROIX

(BIBLIOPHILE JACOB).

DEUXIÈME PARTIE

THÉOLOGIE

HISTOIRE DES RELIGIONS.

1107. — Les Evangiles, mis en vers, par la Baronne de Montaran. *Paris*, 1868, in-8, dem.-rel. mar. rouge, plats toile, tr. dor.
Avec envoi d'auteur signé.

1108. — Description d'un commentaire de l'Apocacalypse, manuscrit du xiie siècle, par A. Bachelin. *Paris*, 1869, in-8, figures, br.

1109. — Initia librorum Patrum latinorum. *Vindobonæ*, 1865, in-8, br.

1110. — Légendaires et sermonnaires du xive siècle, par Ad. Lecocq. *Chartres*, 1865, gr. in-8 de 72 p., br.

1111. — Sermon inédit de Jean Gerson sur le retour des Grecs à l'unité, publ. par le prince A. Galitzin. *Paris*, 1859, in-4, br. — Oraison de St-Casimir à la Tr. Sainte Vierge, publ. par le comte A. Przedriecki. *Cracovie*, 1866, in-8, br.

1112. — Oraisons funèbres de Bossuet, Fléchier, et autres orateurs, avec notices, par Dussault. *Paris*, 1837, 3 vol. in-8, dem.-rel. mar. bl., non rog.

1113. — Opuscules sacrés et lyriques ou cantiques sur différ. sujets de piété, avec les airs notés. *Paris*, 1772, 3 vol. in-8, br.

1114. — La Béatitude des Chrestiens ou le Fléo de la foy, de Geoffroy Vallée, avec avant-propos par un bibliophile. *Bruxelles*, 1867, in-8, pap. vergé, br.
  Réimpression tirée à petit nombre.

1115. — Hist. de l'estat de la France tant de la République que de la Religion, sous le règne de François II, par Régnier, Sr de La Planche, publ. par Ed. Mennechet. *Paris*, 1836, 2 vol. pet. in-8, fig., br.

1116. — Histoire du Jansénisme, depuis son origine jusqu'en 1644, par le P. René Rapin, publ. par l'abbé Domenech. *Paris*, 1861, in-8, br.

1117. — Année religieuse des Théophilantropes ou adorateurs de Dieu et amis des hommes. *Paris, an* VI, 4 vol. in-12, cart.

1118. — Le Juif, le Judaïsme et la judaïsation des peuples chrétiens, par Gougenot des Mousseaux. *Paris*, 1869, in-8, br.
  Avec envoi signé de l'auteur à Paul Lacroix.

1119. — Jupiter, recherches sur ce dieu, sur son culte et sur les monuments qui le représentent, préc. d'un essai sur l'esprit de la religion grecque, par Eméric-David. *Paris*, 1833, 2 vol. in-8, fig. — Vulcain, recherches sur ce dieu, sur son culte, faisant suite au Jupiter, par le même. *Paris*, 1838, in-8, figures. — Ensemble 3 vol. in-8, dem.-rel. v. ant.

1120. — Etudes de mythologie grecque, Ulysse et Circé, les Sirénes, par Cerquand. *Paris*, 1873, in-8, br.

1121. — M. Alex. Castrén's Vorlesungen über die Finnische Mythologie, begleitet von A. Schiefner. *St-Petersburg*, 1853, gr. in-8, br.

SCIENCES ET ARTS

I. — PHILOSOPHIE. — SCIENCES DIVERSES.

1122. — Les Epistres de Sénèque, traduction par Pintrel, rev. et imprimée par les soins de M. De La Fontaine. *Paris*, 1681, 2 vol. in-12, v.

1123. — De la douceur des afflictions, opuscule inconnu d'Agrippa d'Aubigné (publié par Ch. Read). *Paris*, 1856, broch. in-8.

1124. — Die Werke von Leibnitz, ermoglicht ausgabe von O. Klopp. *Hannover*, 1864, 9 vol. gr. in-8, dem.-rel. mar. grenat.

1125. — Le Citateur, par Pigault-Lebrun. *Paris*, 1803, 2 vol. in-12, br.

1126. — Des erreurs et des préjugés répandus dans la société, par Salgues. *Paris*, 1818, 3 vol. in-8, br.

1127. — Histoire des classes privilégiées, par De Givodan. *Paris*, 1861, 2 vol. in-12, br.

1128. — Œuvres de Saint-Simon et d'Enfantin. *Paris*, 1865-78, 35 vol. in-8, br.
Tomes 1 à 13 et tomes 26 à 47.

1129. — Origine des découvertes attribuées aux modernes, par Dutens. *Paris*, 1776, 2 vol. in-8, dem.-rel.

1130. — Mémorial encyclopédique et progressif des connaissances humaines, rédigé par Malepeyre; *Paris*, 1831-1835, 5 années ou vol. gr. in-8, fig., dem.-rel. bas.

1131. — Ueber die versteinerungen der Silurischen Kalksteine von Bogosslowsk, ein beitrag Zur geologie des Œstlichen Ural von M. V. Gruenewaldt. *St-Petersburg*, 1854, in-4, br.

1132. — Handbuch der rechnenden Krystallonomie

von A. T. Kupffer. (Manuel de Cristallonomie, par Kupffer). *S. Pétersburg*, 1831, in-4, pl., br.

1133. — Grundriss einer Geschichte der Botanik in Bezug auf Russland, von E. R. Trautvetter. (Matériaux pour servir à l'histoire de la botanique en Russie). *S. Petersburg*, 1837, in-8, br.

1134. — Beitrage zur Pflanzen Kunde des Russischen Reiches. (Mélanges pour serv. à la descript. des plantes de l'empire Russe, publ. par l'Acad. Roy. des Sciences). *S. Petersburg*, 1854, 8 livrais. gr. in-8, figures, br. (Livraisons I et II et IV à IX).

1135. — Species graminum iconibus et descriptionibus illustravit D. C. B. Trinius. *St-Pétersbourg, de l'imprimerie de la Chancellerie privée du Ministère de l'Intérieur*, 1828-36, livraisons 1 à 30 inclus, in-4, en feuilles. — De graminibus paniceis dissertatio botanica altera, auctor Car. Bern. Trinius. *Petropoli*, 1826, in-8, br.

1136. — Centum Plantarum rariorum Rossiæ meridionalis præsertim Tauriæ et Caucasi iconibus descriptionibusque illustrata cura L. B. H. Marschall a Bieberstein (Partis secundæ, decas prima, secunda et tertia). *Petropoli*, 1832, 3 fascicules gr. in-fol., en feuilles.

1137. — Hymeno et Gastero-Mycetes hucusque in Imperio Rossico observatos recensuit C. A. Weinmann. Pars prodomi Floræ Rossicæ. *Petropoli*, 1836, in-8, br. — Symbolæ ad historiam et geographicam Plantarum Rossicarum, auctore F. J. Ruprecht. *Petropoli*, 1846, in-8, br.

1138. — Divers travaux et opuscules sur la botanique, publ. par l'Acad. des Sciences de St-Pétersbourg. — 8 fascic. in-4, br.

Phalaridea exposuit C. B. Trinius. *Petropoli*, 1839. — De Circiis Ruthenicis nonnullis, commentatio botanica auctore C.A. Meyer. *Petropoli*, 1848. — Descriptiones Plantarum novarum auctore H. G. Bongard. *Petropoli*, 1839. — Bambuseæ auctore F. J. Ruprecht. *Petro-*

poli, 1839. — Agrostidea expos. C. B. Trinius. *Petropoli*, 1840-41, 2 part. — Orizea expos. C. B. Trinius. *Petropoli*, 1839. — Enumeratio monographica specierum generis Hedysari, auctore T. F. J. Basiner. *Petropoli*, 1846.

1139. — Uber die Zimmtrosen in Russland, etc., von C. A. Meyer. (Sur les roses du genre.... spécialement sur celles de la Russie, par Meyer). *S. Petersburg*, 1847, br. in-4.

1140. — Collectanea Paleontologica Rossiæ auctore Joa. Frid. Brandt, fasciculus I. Observationes ad Rhinocerotis Tichorhini historiam spectantes tabulis XXV illustratæ. *Petropoli*, 1849, in-4, br., et atlas in-fol., cart.

1141. — Travaux de J. Fred. Brandt sur l'histoire naturelle. — 3 fascicules in-4, br.

Prodomus descriptionis animalium ab H. Mertensio in orbis terrarum navigatione observationum. Fasciculus I. *Petropoli*, 1835. — Descriptiones et icones animalium Rossicorum novorum vel minus rite cognitorum. Aves : fasciculus I. *Petropoli*, 1836. — Spicilegia ornithologica exotica. Fasciculus I. *Petropoli*, 1839.

1142. — Observations d'histoire naturelle.— 2 fascic. in-4, br.

Fuligulam (Lampronettam) Fischeri, novam arium Rossicarum speciem descripsit J. F. Brandt. *Petropoli* (1847). — Symbolæ Syrenologicæ quibus præcipuè Rhytinæ historia naturalis illustratur auctore J. F. Brandt. *Petropoli*, 1846.

1143. — Catalogue raisonné des objets de zoologie rec. dans un voyage au Caucase et jusqu'aux frontières de la Perse, par E. Ménétries. *St-Pétersbourg*. 1832, 1 vol. — Catalogue d'insectes rec. entre Constantinople et le Balkan, par le même. *St-Pétersbourg*, 1838, 1 vol. — Essai d'une monographie du genre Anacolus. *St-Pétersbourg*, 1839, 1 vol.— Descript. des insectes rec. par feu M. Lehmann, par le même. *St-Pétersbourg*, 1848, 1 vol.— Ens. 4 vol. ou broch. in-4, avec fig. color., br.

1144. — Descript. d'un nouveau genre de poisson de la famille des Murénoïdes, par Lowe. *St-Pétersbourg*, 1851, in-4, avec une planche, br.

1145. — Beitrage zu einer Malacozoologia Rossica von Dr A. Th. Von Middendorff. *S. Petersburg*, 1847-49, 2 vol. in-4, br.

1146. — Recherches physiques sur le feu, par Marat, doct. en médecine et médecin des gardes du corps du comte d'Artois. *Paris*, 1780, in-8, avec 5 planches, dem.-rel.

1147. — Mémoire sur les points fixes du thermomètre, par Perrot. *St-Pétersbourg*, 1828, in-4, avec 2 planch., br.

1148. — Recherches sur les phénomènes lumineux qu'on aperçoit quelquefois au ciel dans des positions déterminées par rapport au soleil ou à la lune, par le prof. Ossipofsky, trad. par Loustannau. *St-Pétersbourg*, 1828, in-4, av. une planche, br.

1149. — Rec. d'observations magnétiques faites à St-Pétersbourg, et sur d'autres points de l'empire de Russie, par Kupffer, et ses collaborateurs. *St-Pétersbourg*, 1837, in-4, avec une planche, br.

1150. — Struve. Monographies scientifiques. *St-Pétersbourg*, 1838-1855, 6 brochures in-4, avec planches, br.

> Sur l'emploi de l'instrument des passages pour la détermination des positions géographiques, trad. de l'allemand. *St-Pétersb.*, 1838. — Sur la dilatation de la glace, d'après les expériences faites en 1845 et 1846, à l'observation de Poulkova. *St-Pétersb.*, 1848. — Exposé historique des travaux exécutés en 1851 pour la mesure de l'arc du Méridien entre Fuglenaes et Ismail, suivi de 2 rapports sur l'expédition de Finnmarken en 1850 et sur les opérations de Lapponie en 1851. *St-Pétersb.*, 1852. — Expéditions chronométriques de 1845 et 1846. *St-Pétersb.*, 1854, 2 parties. — Positions géographiques détermin. en 1847 dans le pays des Cosaques du Don. *St-Pétersb.*, 1855.

1151. — Tables psychrométriques et barométriques, à l'usage des observatoires météorologiques de l'empire de Russie, calculées par Kupffer. *St-Pétersbourg*, 1841, in-8, br.

1152. — Expédition chronométrique entre Altona et Greenwich, par F. G. W. Struve et O. W. Struve.

St-Pétersbourg, 1846. — Expédition chronométrique entre Poulkova et Altona, par F. G. W. Struve. *St-Pétersbourg*, 1844. — Ens. 2 vol. in-4, br.

1153. — Bulletin de la classe physico-mathématique de l'Académie Impériale des Sciences de St-Pétersbourg. *St-Pétersbourg et Leipzig*, 1843-1855 (tomes 1 à 13), 13 vol. in-4, avec pl., br.

1154. — Mémoire sur la théorie générale de la percussion, par Ostrogradski. *St-Pétersbourg*, 1854, in-4, br.

1155. — L. Euleri Institutiones Calculi integralis. *Petropoli*, 1827-45, 4 vol. in-4, couv. en pap.
Le tome II se trouve en double, et le tome Ier manque.

1156. — Mémoire sur les nombres premiers, par Tchébychew. *St-Pétersbourg*, 1850. — Théorie des mécanismes connus sous le nom de parallélogrammes, par le même. *St-Pétersbourg*, 1853. — Sur l'intégration des différentielles, par le même. *St-Pétersbourg*, 1854. — Ens. 3 broch. in-4.

1157. — Sur les diviseurs numériques invariables, des fonctions rationnelles entières, par V. Bouniakowski. *St-Pétersbourg*, 1854, in-4, br.

1158. — Nouvelle théorie mathématique des probabilités, par Bouniakoff. *St-Pétersbourg*, 1846, in-4, avec planches, br. (*Texte russe*).

1158 *bis*. — Bulletin scientifique publ. par l'Acad. Impér. des Scienc. de St-Pétersbourg. *St-Pétersbourg et Leipzig*, 1835-1842, 7 années en 10 vol. in-4, avec pl., br.

1159. — Distractions d'un membre de l'Académie des Sciences lorsque le roi de Prusse Guillaume assiégeait Paris de 1870-1871. — Mémoires scientifiques, par E. Chevreul. *Paris*, 1871. — 3 fascicules in-4, br.

1160. — Positiones mediæ stellarum fixarum in zo-

nis.Regiomontanis a Besselio inter — 15º et + 15º
declinationis observatarum ad annum 1825 reductæ
et in catalogum ordinatæ auctore Max. Weisse,
edi curavit et præfatus est F. G. W. Struve. *Petropoli*, 1846, in-4, br.

1161. — Ètoiles doubles, mesures micrométriques
obtenues à l'observatoire de Dorpat, avec la grande
lunette de Fraunhofer, de 1824 à 1837. Rapport fait
au ministre par Struve. *St-Pétersbourg*, 1837, in-8,
br.

1162. — Catalogue de 514 Ètoiles doubles et multiples
découvertes sur l'hémisphère céleste boréal par la
grande lunette de l'Observatoire central de Poulkova et catalogue de 256 étoiles doubles principa -
les. *St-Pétersbourg*, 1843, in-fol., br. — Addita-
mentum in F. G. W. Struve mensuras microme-
tricas stellarum duplicium editas anno 1837. *Petropoli*, 1840, broch. in-4. — Positions moyennes
pour l'époque de 1790, des étoiles circompolaires
dont les observations ont été publiées par Jér. La-
lande dans les Mémoires de l'Académie de 1789 et
1790, par Ivan Fedorenko. *St-Pétersbourg*, 1851,
in-4, br.

1164. — F. G. W. Struve's Beobachtungen des Hal-
leyschen Cometen von 1835. *St-Petersburg*, 1839,
in-fol., br. — Beobachtungen des Bielaschen Cometen im jahre 1852 von O. Struve. *St-Petersburg*,
1854, broch. in-4.

1165. — W. Federow's vorlaufige Berichte uber die
von ihm in den Jahren 1832 bis 1837, in West-Sibi-
rien ausgefurht. astronomisch geographischen Ar-
beiten. (Observations astronomiques et géographiques de W. Federow dans l'ouest de la Sibérie
pendant les années 1832 à 1837, publ. par Struve).
St-Petersburg, 1838, in-8, carte, br.

1166. — Descript. de l'observatoire astronomique
central de Poulkova, par F. G. Struve. *St-Péters-*

bourg, 1845, 1 vol. gr. in-4 de texte et un vol. de 39 pl. grav., cart., ébarbés.

1167. — La fin du monde et les comètes au point de vue historique et anecdotique, par Maurice Champion. *Paris*, 1859, pet. in-18, br.

Envoi d'auteur : « *A M. Paul Lacroix, hommage d'affectueuse reconnaissance.* MAURICE CHAMPION. »

1168. — La Pluralité des Mondes habités, par Flammarion. *Paris*, 1864, in-12, br. — Galilée, sa vie, ses découvertes, par Parchappe. *Paris*, 1866, in-12, br.

Avec envois d'auteurs signés.

1169. — Essai sur le feu Grégeois, par Lalanne. *Paris*, 1841, in-4°, br.

Envoi d'auteur signé.

1170. — L'Archiatrie Romaine ou la médecine officielle dans l'empire Romain, par le doct. Briau. *Paris*, 1877, in-8, br. — L'assistance médicale chez les Romains (par le même). *Paris*, 1869, in-8, br.

1171. — De la Peste ou époques mémorables de ce fléau, par Papon. *S. l., an VIII*, 2 vol. in-8, cart.

1172. — Recueil de pièces sur les asphyxies. — 5 opusc. en un vol. in-12, v. fauve.

Avis au peuple sur les asphyxies ou morts apparentes et subites, par Gardanne. *Paris*, 1774. — Réflex. d'un fossoyeur et d'un curé, sur les cimetières de la ville de Lyon. *Lyon*, 1777. — Manière méthod. d'administrer aux noyés les secours qui peuvent leur être utiles, etc., à l'usage des corps-de-garde des ports et quais de la ville de Paris. *Paris*, 1778. — Nouv. recherches sur les noyés, les suffoqués par les vapeurs méphitiques, et sur les enfans qui paraissent morts en venant au monde, par Mendel. *Paris*, 1778. — Essai sur les lieux et les dangers des sépultures, par Vicq-d'Azyr. *Paris*, 1778.

1173. — État de la Pharmacie en France avant la loi de Germinal an XI, étude sur une ancienne corporation de marchands, par E. Grave. *Mantes*, 1879, in-8, pap. vergé, br.

Avec envoi signé de l'auteur à P. Lacroix.

1174. — Rec. de curiositez rares et nouv., des plus admirables effets de la nature, av. de beaux secrets

1.

gallans, et la méthode pour la disposition et la pré-
paration de ce qui est utile et nécessaire pour la
vie des hommes, recherchées par le S^r d'Emery.
Paris, 1674, 2 tom. en un vol. in-12, v. br. — Secrets concern. la beauté et la santé, rec. par le S^r
de Blegny. *Paris*, 1688, 2 tom. en un vol. in-8, v.

1175. — Archives du Magnétisme animal, publ. par
le Baron d'Hénin de Cuvilliers. *Paris*, 1820-1823,
8 vol. in-8, fig., br.

1176. — Histoire des inhumations, par Favrot. *Paris*, 1868, in-8, br. — Traité de la construction du
scaphandre ou du bateau de l'homme, par De la
Chapelle. *Paris*, 1775, in-12, v.

1177. — De la Démonialité et des animaux incubes et
succubes, par le R. P. Sinistrari, trad. du lat. avec
texte en regard, par Is. Liseux. *Paris*, 1876, pet.
in-18, br.

> Avec envoi du traducteur : « *Au Bibliophile Jacob, hommage sym-
> pathique et respectueux du traducteur.* Liseux. »

II. — BEAUX-ARTS. — CURIOSITÉS. — COSTUMES.
MUSIQUE. — GASTRONOMIE. — CHASSE.

1178. — Cabinet des singularités d'architecture, peinture, sculpture et gravure ou introduct. à la connaissance des plus beaux arts, figurés sur les tableaux, les statues et les estampes, par Florent le
Comte. *Paris*, 1699, 3 vol. in-12, fig., v. fauve.
(*Cachet sur les titres*).

1179. — Anecdotes des Beaux-Arts, conten. tout ce
que la peinture, la sculpture, la gravure, l'architecture, la musique, etc., la vie des artistes, offrent
de plus curieux et de plus piquant, chez tous les
peuples, dep. l'origine de ces différ. arts jusqu'à
nos jours, par N*** (Nougaret). *Paris*, 1780, 3 forts
vol. pet. in-8, v. marb.

1180. — Beaux-Arts. — 5 volumes in-8, reliés.

Dictionnaire des Beaux-Arts, par Millin. *Paris*, 1806, 3 vol. — Recherches sur l'art statuaire, par Eméric David. 1800. — Etc.

1181. — Histoire de la caricature et du grotesque dans la littérature et dans l'art, par Th. Wright. *Paris*, 1875, in-8, fig., cart., tr. dor.

1182. — La Renaissance des Arts à la Cour de France, études sur le XVIe siècle, par le Comte de Laborde. (Tome Ier. Peinture). *Paris*, 1850, in-8, pap. de Hollande. — La Renaissance des Arts à la Cour de France. (Additions au tome Ier. Peinture). *Paris*, 1855, in-8, br. — Ens. 2 vol.

1183. — Annales des Beaux-Arts. *Paris*, 1831-1835, in-8, dem.-rel. — Dictionnaire des Artistes, par Gabet. *Paris*, 1831, in-8, br. — La Peinture contemporaine, par Anat. de La Forge. *Paris*, 1856, in-8, br.

1184. — Beaux-Arts. — Environ 50 brochures dans 2 cartons in-8.

Jacquemin Gringonneur et Nic. Flamel, par Teste d'Ouet. *Paris*, 1855. — Notice histor. sur la vie et les ouvrages de Prudhon, peintre. *Paris*, 1824. — Le droit des peintres et des sculpteurs sur leurs ouvrages, par H. Vernet. *Paris*, 1841. — Watteau, par P. Hédouin. *Paris*, 1845. — Une existence d'artiste. *Paris*, 1844-45 (avec appendice). — Henri de Gissey, par A. de Montaiglon. *Paris*, 1854. — Notice sur Nic. Ponce, graveur, par Mirault. 1831. — Des critiques faites sur les Salons depuis 1699, par A. de Montaiglon. *Paris*, 1852. — Sur d'anciennes cartes à jouer, par De Reiffenberg. — Etc., etc.

1185. — Archives de l'art français. Recueil de documents inédits pour servir à l'histoire des arts en France, publié par A de Montaiglon. *Paris*, 1852-1862, 6 vol. in-8, br.

1186. — Annuaire des artistes et des amateurs, publ. par P. Lacroix. *Paris*, 1860-61, 2 vol. in-8, br.

1re et 2e années.

1187. — Les grands architectes français de la Renaissance, par A. Burty. *Paris*, 1860, in-8, br.

1188. — Lettres sur la Toscane en 1400. Architecture

civile et militaire par G. Rohault de Fleury. *Paris*, 1874, 2 vol. gr. in-8, fig. dans le texte, br.

Envoi d'auteur signé.

1189. — Ant. Coyzevox, sa vie, son œuvre et ses contemporains, précédé d'une étude sur l'école française de sculpture avant le xviiᵉ siècle, par H. Janin. *Paris*, 1883. (*Envoi d'auteur à P. Lacroix*). — Galerie d'Arenberg à Bruxelles, avec le catalogue complet de la collection, par W. Burger. *Bruxelles et Paris*, 1859. — Ens. 2 vol. in-12, br.

1190. — Œuvres d'Ét. Falconet, statuaire, conten. plus. écrits relatifs aux beaux-arts. *Lausanne*, 1781, 6 vol. in-8, dem.-rel. v. av. coins.

1191. — Sculpture. — Portrait de Louis XIV, par Benoit. *S. l. n. d.* — Jean du Seigneur, statuaire. *Paris*, 1866. — Simon Julien. *Toulon*, 1862, 3 broch. in-8.

1192. — Emeric-David. Opuscules divers. *Paris*, 1804-1812, 3 vol. in-8, dem.-rel.

Discours historiques sur la peinture moderne. 1812. — Choix de notices sur des tableaux du musée Napoléon. 1812. — Disc. histor. sur la gravure en taille-douce et sur la gravure en bois. 1808. — Essai sur le classement chronolog. des sculpteurs grecs. 1807. — Musée olympique de l'école vivante des beaux-arts ou considérat. sur la nécessité de cet établissement. 1804. — Etc.

1193. — Beaux-Arts. — Mélanges. 1850-1874, 8 vol. in-12, br.

Analyse de la notice des tableaux italiens du Louvre, par Mundler. *Paris*, 1850. — Léonard de Vinci, par Rio. *Paris*, 1855. — Trésors d'art de la Grande-Bretagne, par Burger. *Paris*, 1860. — Petit manuel d'art, par J. Dolent. *Paris*, 1874. — Etc.

1194. — L'Art vénitien, par A. Boullier. *Paris*, 1870, in-8, br.

Envoi d'auteur signé.

1195. — Œuvres div. de M. de Piles, conten. l'abrégé de la vie des peintres, av. des réflex. sur leurs ouvrages, le cours de peinture par principes, les éléments de peinture pratique, et un recueil de div.

ouvrages sur la peinture et le coloris. *Paris*, 1767. 4 vol. in-12, v. m.

1196. — Entretiens sur la vie et les ouvrages des plus excellents peintres anciens et modernes, avec la vie des architectes, par Félibien. *Trévoux*, 1725. 6 vol. in-12, v. br.

> On a relié à la suite du tome 6 le Traité de la miniature, par Mlle Perrot. *S. l.*

1197. — Raphaël. La chapelle Sixtine, par la princesse de Sayn. *Paris*, 1867. — Tableaux de Raphaël à l'Hermitage, par De Kœhne. *St-Pétersbourg*, 1866. — De la légitimité du portrait de Léon X, par de Garriod. *Florence*, 1842. — Portrait de Charles VIII peint par Raphaël. *Paris*, 1864. Etc. Réunion de 8 broch. in-8.

1198. — Rubens : Documents et lettres publiés par Ruelens. *Bruxelles*, 1877, in-8, br.

> Envoi d'auteur signé.

1199. — Vander Meer de Delft, par W. Burger. *Paris*, 1866, gr. in-8, avec 4 eaux-fortes, br.

1200. — Catalogue des tableaux des Le Nain, qui ont passé dans les ventes publ. de l'année 1755 à 1853, par Champfleury. *Bruxelles*, 1861, in-8 de 45 pages, br.

1201. — Sébast. Bourdon, sa vie et son œuvre, par Ch. Ponsonailhe. *Paris*, 1883, gr. in-8, avec eaux-fortes par Henriot, E. Marsal et G. Boutet, dessins, br.

> Envoi d'auteur à P. Lacroix.

1202. — Bouquier, député à la Convention, peintre de marines, par E. Galy. *Périgueux*, 1868, in-8, br.

> Envoi d'auteur signé.

1203. — Manuel de l'amateur de tableaux, par Lachaise. *Paris*, 1866, in-12, br. — Sonnets du Salon de 1878, par Fertiault. *Clermont*, 1878, in-12, br.

1204. — Notices historiq. sur les tableaux de la galerie du duc d'Orléans, par J. Vatout. *Paris*, 1825, 3 vol. in-8, v. rose, fil.

1205. — L'Hermitage impérial, tableau de Léonard de Vinci, par de Kœhne. *St-Pétersbourg*, 1866. — Sacristie synodale de Moscou, par Sabas. *Moscou*, 1859. — Notions sur l'iconographie sacrée en Russie, par Sabattier. *St-Pétersbourg*, 1849. Etc. — Ens. 5 broch. in-8.

1206. — Galerie de M. M. Péreire, par Burger.*Paris*, 1864, gr. in-8, avec 5 eaux-fortes, br.

1207. — Livret de l'exposition faite en 1673, réimprimé par Montaiglon. *Paris*, 1852, in-12, br. — Annuaire des artistes français. *Paris*, 1833-1834, 2 vol. in-12, br. — Relation de ce qui s'est passé en l'établiss. de l'Acad. Roy. de peinture et de sculpt. *Bruxelles*, 1856, in-8 de 70 pag., br.

1208. — Eméric David. — Coups de patte sur le Salon de 1779, dialogue. *Paris*, 1779. — Id. Seconde édition, augmentée. *Paris*, 1779. — La patte de velours. *Paris*, 1781. — Le Triumvirat des Arts. *Aux Antipodes* (1783), etc., etc. — Ensemble 25 broch. in-8.

1209. — Le Pausanias Français ou descript. du Salon de 1806 : Etat des arts du dessin en France, à l'ouverture du XIXe siècle : Ouvrage dans leq. les princip. productions de l'école actuelle sont classées, expliq., analys., à l'aide d'un comment. exact, raisonné, et représent. dans une suite de dessins exécut. et grav. par les pl. habiles artistes,avec quelq. portraits, grav. au trait, de grands artistes vivants, et notices historiques sur leur personne et leurs ouvrages, publ. par un observateur impartial. *Paris*, 1808, gr. in-8, bas.

1210. — Essai sur le Salon de 1817, par Miel. *Paris*, 1818, in-8, fig., br.

1211. — L'Artiste et le Philosophe, entretiens sur le Salon de 1824, par Jal. *Paris*, 1824, in-8, figures, br.

1212. — Le Salon de 1844, préc. d'une lettre à Th. Rousseau et une eau-forte de Jeanron. — Le Salon de 1845, préc. d'une lettre à Béranger. — Le Salon de 1846, préc. d'une lettre à George Sand, par Thoré. *Paris*, 1844-1846, 3 vol. in-12, br.

1213. — L'Ami des Arts. Livre des Salons, par La Fizelière, Jules Janin, Charles Nodier, etc., orné de 13 beaux dessins. *Paris*, 1843, gr. in-8, br.

1214. — Catalogue d'une collection de tableaux comprenant les œuvres des principaux maitres. *Paris*, 1874, in-4, br.

> Orné de 17 gravures à l'eau-forte.

1215. — Catalogues de tableaux, estampes et objets d'art, réunis en 2 vol. in-8, rel. et br.

> Catalogue raisonné du cabinet de Ch. Léoffroy de Saint-Yve, par F. L. Regnault. *Paris*, 1805. — Catalogue des estampes du duc d'Ursel, par P. Bénard. *Paris*, 1806. — Catalogue d'antiquités et meubles précieux de Choiseul-Gouffier, par L. J. Dubois. *Paris*, 1818. — Catalogue des estampes du cabinet de Rossi, de Marseille, par Regnault-Delalande. *Paris*, 1822.

1216. — Description des objets d'art du cabinet Denon, par Dubois. *Paris*, 1826, in-8, dem.-rel. bas.

1217. — La plus ancienne gravure connue avec une date, par De Reiffenberg. *Bruxelles*, 1845, broch. in-4. — La Vierge de 1418, par Ruelens. *Bruxelles*, 1865, broch. in-fol.

1218. — Etude sur Jean Cousin, suivie de notices sur Jean Leclerc et Pierre Wœiriot, par Ambr. Firmin-Didot. *Paris*, 1872, gr. in-8, portraits photographiés, br.

> Avec envoi autographe signé : « *A M. Paul Lacroix, souvenir d'estime et d'amitié, de la part de* AMBROISE-FIRMIN DIDOT. »

1219. — Gravure. — Séjour de Callot à Bruxelles, par Alvin. *Bruxelles*, 1861. — Jean Godefroy, peintre et graveur, par Jacob. *Paris*, 1862. — Jonas Suyderhoff, son œuvre classé, par Hymans. *Bruxelles*, 1863. Etc. 6 broch. in-8.

1220. — Les gravures françaises du xviiie siècle, catalogue raisonné par Emm. Bocher. *Paris*, 1875-1877, 4 fascicules in-4, portraits, br.

> Catalogue des œuvres de Lavreince, Baudoin, Chardin, Lancret.

1221. — Les Saint-Aubin, par Ed. et J. de Goncourt, étude contenant 4 portraits inédits gravés à l'eauforte. *Paris*, 1859. — Greuze, étude, par les mêmes, conten. 4 dessins gravés à l'eau-forte. *Paris*, 1863. — Ens. 2 vol. in-4, br.

1222. — Œuvres posthumes de Girodet-Trioson, suiv. de sa correspondance, publ. par Guépin. *Paris*, 1829, 2 vol. in-8, br.

1223. — Hist. du sacre de Charles X, dans ses rapports avec les beaux-arts et les libertés publiques de la France, par Miel. *Paris*, 1825, in-8, avec 4 planches grav., br.

1224. — L'Artiste. *Paris*, 1831-1837, in-4, figures. Tomes 2, 5, 6, 12, dem.-rel. v. ant., non rogn.

> Outre les volumes ci-dessus annoncés, nous vendrons les livraisons 23 à 26 du tome Ier, — 9 à 19 du tome 2, — 1 à 6 du tome 7, — 1 à 19 du tome 13.

1225. — Paris-Illustrations. Album de gravures. *Paris, Pourrat (vers* 1845), gr. in-8, mar. r., dos et plats ornés, tr. dor.

1226. — Eaux-fortes, par madame Bouclier. *Paris*, 1847, in-fol. de 6 pl.

> Envoi d'auteur signé.

1227. — Essai sur la restauration des anc. estampes et des livres rares ou traité sur les meilleurs procédés à suivre, par A. Bonnardot, Parisien. *Paris*, 1846, in-8, et un supplém. de 32 pages, br.

> Hommage à P. Lacroix.

1228. — L'Iconographe paraissant le 15 et le 30 de chaque mois ou journal général des gravures, lithographies, cartes géograph. et plans mis en vente dans le cours d'une quinzaine à l'autre, dédié aux artistes, graveurs, imprimeurs en taille-douce, etc. *Epernay et Paris*, 1840-42, in-8, rel. en toile.

> Du 15 juin 1840 au 31 mai 1842. — Tout ce qui a paru de cette feuille. — Impression faite sur papier jaune.

1229. — Beaux-Arts. Livres à figures. — Catalogues de ventes rédigés par divers. *Paris*, 1835-70. Réunis en 4 vol. in 8, dem.-vél. bl.

> Catalogues Hervé, de Vèze, Thibaudeau, Isabey, Lassus, Forby, Zoppi, Scheult, Ch. Blanc, Sauvageot, etc.

1230. — Missel de Jacques Juvénal des Ursins, cédé à la ville de Paris le 3 mai 1861, par A.-F. Didot. *Paris*, 1861, gr. in-8, br.

> Envoi d'auteur signé : *Au Bibliophile Paul Lacroix, hommage et souvenir offerts par le Bibliophile Ambroise-Firmin Didot.*

1231. — Jacmart Pilavaine, miniaturiste, par L. Paulet. *Amiens*, 1858, in-8, br.

1232. — Notice sur un coffret d'argent exécuté pour Frantz de Sickingen, par A. Chabouillet. *Paris*, 1861. — Notice d'après le manuscrit de la Biblioth. Ste-Geneviève, des joyaux d'église trouvés à la grosse tour de Bourges et à Paris, après le décès du duc Jean (par Hiver de Beauvoir). *S. l. n. d.* — Ens. 2 broch. in-8.

1233. — Recherches sur d'anciens ivoires sculptés de la cathédr. de Metz, par Ch. Abel. *Metz*, 1869, in-8, broch., avec figures.(*Envoi autogr.*).— Notes d'un compilateur sur les sculpteurs et les sculptures en ivoire (par de Chennevières), *Amiens*. *s. d.*, in-8, br.

1234.— Les boiseries sculptées du chœur de N.-Dame de Paris, texte par Gourdon de Genouillac, dessins par E. Le Preux. *Paris*, 1863, in-fol., avec 12 planches en feuilles.

> Envoi d'auteur : « *A mon excellent confrère M. Paul Lacroix.* GOURDON DE GENOUILLAC. »

1235. — Les merveilles de l'art et de l'industrie, Antiquité, Moyen-Age, Renaissance, temps modernes, par Jules Mesnard. *Paris*, 1869, fascicules 1 à 19, fig. dans le texte et hors texte, in-4 en feuilles.

Les figures hors texte manquent dans 2 livraisons.

1236. — Journal des arts et manufactures. *Paris, an III à l'an V*, 3 vol. — Annales des bâtiments et des arts, de la littérature et de l'industrie. *Paris*, 1817-1819, 4 vol. — Annales françaises des arts, des sciences et des lettres, faisant suite aux annales des bâtiments. *Paris*, 1819-1822, 5 vol. — Annales des arts, spécialement de l'architecture et des sciences y relatives, publ. par Monnin. *Paris*, 1824-1825, 2 vol. — Annales de la Société libre des beaux-arts, mises en ordre par Miel. *Paris*, 1836-1855, 13 tomes en 7 vol. — Ensemble 21 vol. in-8, avec figures, de différ. reliures.

1237. — Histoire de l'industrie française et des gens de métiers, par Louandre. *Paris*, 1872, 2 vol. in-12, figures, cart., non rognés.

1238. — Les mystères du travail, par Louis Lurine. *Paris*, 1847, in-8, front. gravé, rel. toile.

1239. — Costumes historiques des xvie, xviie et xviiie siècles, dessinés par Lechevallier-Chevignard, gravés par Léop. Flameng, Lallemand, etc., texte par G. Duplessis. *Paris, Lévy*, livraisons 1 à 14, in-4, color. en f^{lles}.

1240. — Le costume historique, types principaux du vêtement et de la parure, publ. par A. Racinet. *Paris, Didot, s. d.*, livraisons 1 à 3 in-fol. 75 planches en couleur, or et argent, dans 3 cartons spéciaux.

1241. — Les anciens patrons de broderies de dentelles, par Alvin. *Bruxelles*, 1863, br. in-4.

Envoi d'auteur signé.

1242. — L'Arlequin ou tableau des modes et des goûts. *Paris, an VII*, in-8, avec nombreuses fig. de modes et de costumes, couvertures gravées, dem.-rel.

Curieux journal de modes.

1243. — Journal des Tailleurs spécialement destiné à l'enseignement de la coupe. *Paris*, années 1842, 1844, 1846 et 1851, 4 vol. gr. in-8, fig. noires et color., bas. racine.

1244. — Cendrillon, revue encyclopédique de tous les travaux de dames, tricot, crochet, frivolité, lacet, filet, tapisseries, broderies, modes, etc. *Paris*, 1851, 2 vol. in-12, fig. noires et color., dem.-rel., mar. rouge.

1245. — Code de la Toilette, manuel complet d'élégance et d'hygiène, par H. Raisson. *Paris*, 1829, in-18, front. de Johannot, dem.-rel., mar. r.

1246. — La locomotion. Histoires des chars, carrosses, omnibus et voitures de tous genres, par D. Ramée. *Paris*, 1856, in-12, fig., br.

1247. — Réponse à M. Fétis. Réfutation de son mémoire : Les Grecs et les Romains ont-ils en vue l'harmonie des sons, par Vincent. *Lille*, 1859, in-8 br.

Envoi d'auteur signé.

1248. — Les origines de la chapelle, musique des souverains de France, par E. Thoinan. *Paris*, 1864, in-12, br. — Déploration de Guill. Cretin sur le trépas de J. Okeghem, musicien trésorier de St-Martin de Tours, annot. par E. Thoinan. *Paris*, 1864, broch. in-8 de 45 pag. — Maugars, célèbre joueur de viole, musicien de Richelieu, par E. Thoinan. *Paris*, 1865, in-8, br.

1249. — Quelques artistes musiciens de la Brie, par Lhuillier. *Melun*, 1870. — Mozart, par Halévy. *Paris*, 1861. — Les origines de l'harmonie, par

Bertrand. *Paris*, 1866, etc. — Réunion de 8 broch. in-8.

1250. — Arth. Pougin. — Albert Grisar. Etude artistique. *Bruxelles*, 1870, in-12, br. — Boieldieu, sa vie, ses œuvres, sa correspondance. *Paris*, 1875, in-12, br.

Envois d'auteur signés.

1251. — L'académie impériale de Musique de 1645 à 1855, par Castil-Blaze. *Paris*, 1855, 2 vol. in-8, br.

1252. — Catalogue de la Bibliothèque de F.J. Fétis, compositeur de musique acquise par l'Etat Belge. *Brux.*, 1877, gr. in-8 de 7,325 nos avec table des noms d'auteurs et des anonymes, br.

1253. — La salle à manger, chronique de la Table, (par le baron Brisse). *Paris*, 1864-1868, gr. in-4, dem.-rel.

1254. — Almanach des Gourmands, 1re, 2e, 3e, 4e et 6e années. *Paris*, 1803-1808, 5 vol. — Journal des gourmands et des belles, ou l'Epicurien français. *Paris*, 1806 à 1810 et 1812, 6 années en 12 vol. — Ensemb. 17 vol. in-18, fig. dem.-rel., dont un br.

1255. — Le double Almanach des Gourmands, par Monselet. *Paris*, 1866-1870, 5 vol. in-46, br.

1256. — Manière de se récréer avec le jeu de cartes nommées Tarots, par Eteilla (Alliette). — Philosophie des hautes sciences, par Eteilla. *Paris*, 1785-1788, 2 vol. in-12, fig., v.

1257. — La roulette, ou histoire d'un joueur, avec des combinaisons pour ce jeu. *Paris*, *s. d.* (vers 1820), in-18, fig., dem.-rel. vél., dor., en tête, non rogn.

1258. — La chasse, son histoire et sa législation, par E. Julien. *Paris*, *s. d.*, in-8, br.

BELLES-LETTRES

I. — LINGUISTIQUE.

1259. — Traité de l'origine du langage, par Félix
Tessalus. *Paris*, 1882, in-8, br. — Recherches sur
les anciens lexiques, par Pellissier. *Paris*, *s. d.*,
in-8 de 34 pag., br.

1260. — Linguistique, philologie. — 9 vol. et broch.
in-8.

> Dictionnaire étymologique des mots français qui viennent du grec, par
> Marcella. *Paris*, 1843, in-8, br. — Entretiens sur l'orthographie fran-
> çaise, par Roche. *Nantes*, 1777, in-8, dem.-rel. — Mélanges de criti-
> que et de philologie, par Chardon de la Rochette. *Paris*, 1812, 2 vol.
> in-8, dem.-rel. — Etc., etc.

1261. — Essai d'un dictionnaire historique de la langue française (par Paulin Pàris). *Paris*, *Téchener*, 1847, fascicule in-4 de 17 et 56 pag., br.

> Tout ce qui a paru.

1262. — Dictionnaire historique de l'ancien langage
françois, par La Curne de Sainte-Palaye. *Niort et
Paris*, *s. d.*, 40 fasc. en 1 vol. in-4, br., formant
les 5 prem. volumes de l'ouvrage.

1263. — Observat. sur l'orthographe ou ortografie
française, suiv. d'une hist. de la réforme ortho-
graphique depuis le xve siècle jusqu'à nos jours,
par A.-F. Didot. *Paris*, 1868. — Remarques sur la
réforme de l'ortografie franç., par le même. *Paris*,
1872. — Ens. 2 ouvr. gr. in-8, br.

> Avec envoi d'auteur à P. Lacroix : « *Souvenir d'estime et d'amitié à
> M. Paul Lacroix*. A.-F. DIDOT. »

1264. — Journal de la langue française. *Paris*, 1826-
1840, 10 vol. in-8, br. — Journal grammatical de la
langue française. *Paris*, 1834-1836, 3 vol. in-8, br.

1265. — Dictionnaire des expressions vicieuses usi-
tées dans la ci-devant province de Lorraine, par J.
Michel. *Nancy*, 1807, in-8, br.

1266. — Les joyeuses recherches de la langue Tolo-
saine, par Cl. Odde, de Triors. *Paris*, 1847, in-8
de 59 pag., br.

1267. — De l'Eusquère et de ses erdères ou de la langue Basque et de ses dérivés, par Yrirar y Moya.
Paris, 1845, 5 vol, in-8, br.

1268. — Langues étrangères : livres espagnols, italiens, allemands, orientaux. — Divers catalogues
réunis en 12 vol. in-8, dem.-vél. bl.
    Catalogues Caro y Sureda, Gohier, Chaumette, Sanpayo, Andrade,
    Klaproth, Marcel, La Ferté Senecterve, Van Soelen, Depping, Rému-
    sat, de Guignes, Reina, Zondadari, Terzi, etc., etc.

1269. — Dictionnaire de la langue Slave ecclésiastique et de la langue Russe. *St-Pétersbourg*, 1847,
4 vol. in-4, br. (*Texte Russe*).

1270. — Bulletin de la classe historico-philologique
de l'Académie Impér. des Sciences de St-Pétersbourg. *St-Pétersbourg et Leipzig*, 1844-1855 (tomes 1 à 12), 12 vol. in-4, avec planch., br.

1271. — Grammaire Oscète (pays du Caucase), suiv.
d'un dictionn. Russe-Oscète et Oscète-Russe, par
Schégrène. *St-Pétersbourg*, 1844, 2 vol. in-8, br.
(*Texte Russe*).

1272. — Ossetische Sprachlehre nebst Kursen Ossetische Sprachlehre nebst Kurzem Ossetische-Deuts-
chen und Deutsch-Ossetischen Worter. *St-Petersburg*, 1844, in-4, br.

1273. — Die Enheit der Sanscrit Declination mit der
Grieschischen und Lateinischen von F. Graefe.
(Déclinaison comparée des langues sanscrite, grec-
que et latine, etc.). *St-Petersburg*, 1843, br. in-4.
(*Premier fascicule*).

1274. — Dictionnaire géorgien-russe-français, com-
posé par David Tchoubinof. *St-Pétersbourg*, 1840,
in-4, br.

1275. — Sanskrit Chrestomathie von Otto Bohtlingk.
St-Petersburg, 1845, gr. in-8, br.

1276. — Hemakandras Abhidhana Kintamant ein systematisch angeorrhnetes synonymisches Lexicon herausg. von O. Bohtlingk. *St-Petersburg*, 1847, in-8, br.

1277. — Vopadeva's Mugdhabodha herausg. und er klart von O. Bohtlingk. *St-Petersburg*, 1847, in-8, br.

1278. — Uber die Sprache der Jakuten, grammatik, text und worterbuch von Otto Bohtlingk. *St-Petersburg*, 1851, in-4, br.

1279. — A Chrestomathy of the Pushtu or Afghan language to which is subjoined a glossary in Afghan and English edited by Dr Bern. Dorn. *St-Petersburgh*, 1847, in-4, br.

1280. — Grammatik der Mongolischen sprache verfasst von I. J. Schmidt. *St-Petersburg*, 1831. — Mongolisch-Deutsch-Russisches Worterbuch von I. J. Schmidt. *St-Petersburg*, 1835. — Ens. 2 vol. in-4, br.

1281. — Grammaire de la langue Mongolienne, par Schmidt, trad. de l'allemand en russe. *St-Pétersbourg*, 1832, in-4, avec planch., br. (*Texte russe*).

1282. — Grammaire Thibétaine-Russe, par I. J. Schmidt. *St-Pétersbourg*, 1839. — Dictionnaire Thibétain-Russe, par le même. *St-Pétersbourg*, 1843. — Ens. 2 vol. in-4, br.

1283. — Grammatik der Tibetischen Sprache verfasst von J. J. Schmidt. *Leipzig*, 1839, in-4, br.

1284. — Tibetisch-Deutsches Worterbuch von J. J. Schmidt. *St-Petersburg*, 1841, in-4, br.

1285. — Dictionnaire Aléoutien-Russe, par Veniaminos. *St-Pétersbourg*, 1846, in-8, br. (*Texte russe*).

1286. — Versuch einer Ostjakischen Sprachlehre nebst Kursem Worterverzeichniss von Dr M. Alex. Castrén. *St-Petersburg*, 1849, in-8, br.

1287. — M. Alex. Castrén's Worterver-zeichnisse aus den Samojedischen sprachen, beasbeitet von Anton Schiefner. *St-Petersburg*, 1855, in-8, br.

1288. — Vom einflusse des accents in der Lapplandischen Sprache von Dr M. A. Castrén. *St-Petersburg*, 1845, in-4, br.

II. — ÉLOQUENCE. — POÉSIE.

1289. — L'éloquence sous les Césars, par Amiel. *Paris*, 1864, in-8, br.

Envoi d'auteur signé à P. Lacroix.

1290. — Ovide, Fables choisies, gravures de Bernard Picart et autres maîtres du xviiie siècle, texte par René Ménard. *Paris*, 1877, livraisons 1 à 5 contenant 10 planches chacune, gr. in-4, en feuilles.

L'ouvrage complet forme 8 livraisons.

1291. — Horatii Flacci poetæ opera cum quatuor commentariis et figuris nup. additis. *Venetiis, per Dominum Pincium Mantuanum*, 1505, in-fol., figures s. bois, dem.-rel.

1292. — Odes d'Horace, trad. en vers français, av. texte lat. en regard, par Jules Lacroix. Livres I et II. *Paris*, 1848, in-8, br.

1293. — Histoire de la vie et des poésies d'Horace, par Walckenaer. *Paris*, 1858, 2 vol. in-12, br.

1294. — Juvenalis satiræ, cum interpretat. latina N. Lemaire. *Parisiis*, 1823, 2 vol. in-8, br.

1295. — Satires de Juvénal et de Perse, trad. en vers françois par Jules Lacroix. *Paris*, 1846, gr. in-8, br.

Exemplaire avec envoi autographe à Paul Lacroix : « A mon bon frère Paul, JULES LACROIX.»

1296. — Epigrammes contre Martial ou les mille et une drôleries et platitudes de ses traducteurs, par un ami de Martial (Eloi Johanneau). *Paris*, 1834, in-8, br.

Avec envoi d'auteur signé.

1297. — Hymni sacri et novi, autore Santolio Victo-
rino. *Paris*, 1689, in-12, pap. fort, avec musique
notée, réglé, mar. noir, tr. dor. (*Reliure ancienne*).

Bel exemplaire avec un très bel ENVOI AUTOGRAPHE SIGNÉ DE SAN-
TEUIL sur la garde du volume.

1298. — Annales poétiques, dep. l'origine de la poésie française. *Paris*, 1787, tomes 1 à 38, 38 vol. in-
12, avec portraits grav., dem.-rel. bas.

1299. — Petite encyclopédie poétique ou choix de
poésies dans tous les genres, suiv. d'un dictionn.
portatif des poètes français morts, dep. 1050 jusqu'à 1804, par Philipon-La Madelaine. *Paris*, 1805,
14 vol. — Nouv. encyclopédie poétique ou choix de
poésies dans tous les genres, publ. par Capelle.
Paris, 1819, 18 vol. — Ensemble 32 vol. in-18, bas.
marb.

1300. — Les grands poètes français, par Pagès. *Paris*, 1874, gr. in-8, dem.-rel. percaline, non rogné.

1301. — Histoire littéraire des Troubadours (par La
Curne de Ste-Palaye). *Paris*, 1774, 3 vol. in-12, v.

1302. — Notices pour serv. à l'hist. littéraire des
Troubadours, par Eméric David. *Paris*, 1831-1835,
3 vol. in-4, dem.-rel. v. ant.

Extrait des tomes 17 et 18 de l'histoire littéraire de la France. —
Tirage à part à 25 exemplaires.

1303. — Garin le Loherain, chanson de geste, comp.
au XIIe siècle par Jean de Flagy, mise en nouveau
langage par Paulin Paris. *Paris s. d.*, in-12, br.
— La satire en France au moyen-âge, par Le-
nient. *Paris*, 1859, in-12, br.

1304. — Chrestien de Troyes. Perceval le Gallois,
publ. d'après le manuscrit de Mons par Ch. Pot-
vin. *Bruxelles*, 1865, gr. in-8, br.

Tome Ier, seul publié.

1305. — Le Roman de la Rose, par Guill. de Lorris
et Jeh. de Meung, édition rev. et corrigée sur les

2

plus anc. mss., par Méon. *Paris, Didot,* 1814, 4 vol. in-8, dem.-rel. mar. rouge, ébarb.

1306. — Blasons, poésies anciennes des xvᵉ et xvɪᵉ siècles, extraites de différ. auteurs imprimés et manuscrits, par D. M. M*** (Méon). *Paris,* 1809, in-8, cart., non rogné.

> Exemplaire avec les *cartons* des passages retranchés, et de nombreuses notes, corrections et additions manuscrites de P. Lacroix sur les marges.

1307. — Vaux-de- Vire d'Olivier Basselin et de Jean Le Houx, édit. revue et publ. par P. L. Jacob (P. Lacroix). *Paris,* 1858, in-12, br.

1308. — François Villon, sa vie et ses œuvres, par Campaux. *Paris,* 1859, in-8 br. — Essai critique sur les œuvres de Villon, par Bijvanck. *Leyde,* 1883, in-8 br.

1309. — Les poésies de Martial de Paris, dit d'Auvergne, procureur au Parlement. *Paris,* 1724, 2 vol. in-12, v. fauve, fil., tr. dor.

1310. — La légende de maistre Pierre Faifeu, mise en vers, par Charles Bourdigné. *Paris,* Coustelier, 1723, in-12, v.

1311. — La légende de P. Faifeu publ. par D. Jouaust av. préface par le bibliophile Jacob (P. Lacroix). *Paris, Jouaust,* 1880, in-12, br.

> Exemplaire sur Papier Whatman.

1312. — Ferry Juliot. Les élégies de la belle fille lamentant sa virginité perdue, réimpression d'après l'édition de 1557, avec notice (par E. Courbet). *Paris,* 1873, in-8, br.

1313. — La chanson de Marie Stuart, d'après un man. de la bibl. de P. de Bourdeille, baron de Richemont, seigneur de Brantôme, par E. Galy. *Périgueux,* 1879, broch. in-4.

> Tiré à 100 exempl. seulement.

1314. — Notice sur Pierre de Brach, poète bordelais du xvɪᵉ siècle, par R. Dezeimeris. *Paris,* 1858, in-8, br. — Vies des poètes agenais par Colletet, publ. par Tamizey de Laroque. *Agen*, 1868, in-8, br. (*Avec envoi d'auteur signé.*)

1315. — Guillaume Haudent, poète normand du xvi⁰ siècle, par Millet. *Le Havre*, 1866, brochure in–8. (*Envoi d'auteur signé*). — Notices biographiques sur Des Yveteaux (par J. Pichon). *Paris*, 1846, in-8, br.

1316. — Les chefs-d'œuvres de Desportes, avec pré-face par Gaudin. *Paris*, 1862, in-12, br. — Poésies de La Sablière et de Maucroix, avec notes, par Walckenaër. *Paris*, 1825, in-8, dem.-rel. v. fauve, non rogné.

1317. — L'illustre souffrant, ou Job, poème par Le Cordier. *Paris*, 1667, in-12, dem.-rel. mar. Lavall. — Les œuvres posthumes du défunt M. B*** (Gilles Boileau), de l'Acad. franç., contrôleur de l'argente-rie du Roy. *Paris*, 1670, in–12, v. br.

1318. — Œuvres de Voiture, édition rev. et corrig. par Amédée Roux. *Paris*, 1858, in-8. dem.-rel. mar. vert.

1319. — Les œuvres de M. de Benserade. *Paris*, 1697, 2 vol. in-12, v.

1320. — Œuvres inédites de J. de La Fontaine, par P. Lacroix. *Paris*, 1863, in-8, br. — Hist. de la vie et des ouvrages de La Fontaine, par Walcknaer. *Paris*, 1825, in-8, br.

1321. — Histoire de la vie et des ouvrages de La Fontaine, par Walckenaër. *Paris*, 1858, 2 vol. in-12, br.

1322. — Le nouveau siècle de Louis XIV, choix de chansons satiriques (publ. par Gust. Brunet). *Paris*, 1857, in-12, dem.-rel. — Recueil de poésies. (Manuscrit du xvii⁰ siècle), in-4, v. — Ens. 2 vol.

1323. — La Henriade, divers autres poèmes, et toutes

tes les pièces relat. à l'épopée. *S. l.*, 1775, in-8,por-
tr. et fig., parch. vert.

1324. — Les Philippiques de La Grange-Chancel,avec
des notes, par De Lescure. *Paris, Poulet-Malas-*
sis, 1858, in-12, br. — Opuscules humoristiques de
Swift, trad. par De Wailly. *Paris, Poulet-Malas-*
sis, 1859, in-12, br.

1325. — La Grange-Chancel, les Philippiques, odes,
édition définitive publiée par L. de Labessade. *Pa-*
ris, 1876, in-8, br.

1326. — La Pipe cassée, poème, avec vignettes d'Eisen ; Les quatre Bouquets poissards ; Lettres de la
Grenouillère ; Œuvres posthumes de Vadé ou recueil des fables, contes, chansons et autres pièces
fugitives, avec les airs, rondes et vaudevilles notés. *Paris*, 1755. — 3 ouvr. en un vol. in-8, v.
marbr.

1327. — Poésies de l'abbé de Lattaignant, conten.
tout ce qui a paru de cet auteur sous le titre de
Pièces dérobées, avec des augmentat. considéra-
bles, des annotat. et des airs notés. *Paris*, 1757,
4 vol. in-12, portr., v. marbr.

1328. — Œuvres diverses de Grécourt. *Amsterdam*,
1775, 4 tomes en 2 vol. in-12, figures, v. marbr.

1329. — Œuvres complètes d'Alexis Piron, publ. par
Rigoley de Juvigny. *Neuchatel*, 1777, 7 vol. in-8,
portr. d'après A. de St-Aubin, v. marbr.

1330. — Œuvres de Piron, précéd. d'une notice par
Ed. Fournier. *Paris*, 1857, in-12, br. — Piron,com-
plément de ses œuvres, publ. sur documents authentiques, par H. Bonhoure. *Paris*, 1865, in-12,
br.

1331. — Le Trésor du Parnasse ou le plus joli des
recueils. *Londres*, 1770, 6 vol. in-12, v. fauve.
Aux armes de PONDRE DE GUERMANDRE.

1332. — Recueil de pièces fugitives. A *Paris*, 1774, in-4, v.

> MANUSCRIT DU XVIIIᵉ SIÈCLE d'une bonne écriture. — Pièces de vers politiques, satiriques et autres.

1333. — Le Luxe, poème en six chants (par le Chevalier Du Coudray). *Paris*, 1775, 2 tom. en un vol., dem.-rel.

> Orné de 6 gravures à l'eau-forte.

1334. — Opuscules poétiques, par le chevalier de Parny. *Amsterd.*, 1779, pet. in-8, figures, dem.-rel.

1335. — Opuscules du chev. de Parny. *Paris*, 1784, 2 vol. in-18, titres et figures grav., v. marbr., fil., tr. dor. — Les Flèches d'Apollon ou recueil d'épigrammes anciennes et modernes. *Londres (Paris, Cazin)*, 1787, 2 vol. in-18, v., tr. dor.

1336. — Œuvres de Stanislas Boufflers. *Paris*, 1805, 2 vol. in-18, portr. et fig., br.

1337. — Almanach des Muses. *Paris*, 1765 à 1831, 66 années en 45 vol., dem.-rel. (Les 3 derniers vol. sont br. et l'année 1829 manque). — Pièces échappées aux XVI premiers almanachs des Muses. *Paris*, 1780, 1 vol. — Esprit de l'almanach des Muses depuis sa création (1764) jusqu'à ce jour. *Paris, s. d. (vers* 1820), 2 vol. — Nouvel almanach des Muses. *Paris*, 1802 à 1813, 12 vol. — Ensemble 60 vol. in-12, avec titres et portraits grav., de reliures différentes.

1338. — Etrennes du Parnasse, choix de poésies, par Le Prévost d'Exmes, Mayeur de St-Paul et Baude de La Croix. *Paris*, 1770 à 1778 (moins l'année 1775) et 1782 à 1791, 18 années en 14 vol. in-12, v. marbr.

1339. — Almanach littéraire ou Etrennes d'Apollon, rédigées par Daquin de Chateau-Lyon et Lucas de Rochemont. *Paris*, 1777 à 1793, et de 1801 à 1809 (moins 1807), 26 années in-12, fig., rel., cart. et br.

1340. — Etrennes lyriques, anacréontiques, présentées à Madame, publ. par Cholet de Jetphort et Charles Malo. *Paris*, 1782 à 1814, 22 vol. in-12, fig., bas. marbr. (La 1re année 1791, manque).

<small>Cette publication a été 3 fois interrompue pendant la période révolutionnaire.</small>

1341. — Almanach des Grâces, étrennes érotiques chantantes, dédié à Mme la comtesse d'Artois. *Paris*, 1786, 1789, 1790, 1791; 1792 et 1794, 6 vol. — Le Chansonnier des Grâces. *Paris*, 1798 à 1833 (moins les années 1818 et 1828), 33 vol., plus les années 1837, 1839, 1840, 1842 et 1848, 5 vol. — Ensemble 44 vol. in-12, figures, rel. et br.

1342. — Veillées des Muses ou recueil périodique des ouvrages en vers et en prose, lus au Lycée des étrangers, publ. par Arnaud, Laya, Legouvé et Vigée. *Paris*, 1798-1800, 3 années en 8 vol. in-12, bas. marb.

1343. — Les Satiriques du xviiie siècle. *Paris, an IX*, 6 tomes en 3 vol. in-8, dem.-rel. bas. viol.

1344. — Le Crocodile ou la guerre du bien et du mal arrivée sous Louis XV, poème épiquo-magique en 102 chants (par St-Martin, dit le Philosophe Inconnu). *Paris, an VII*, in-8, br.

1345. — Odes républicaines au peuple français, par Lebrun. *Paris, an III*, in-8, v., fil. — Mes délassements, recueil de chansons et pièces fugitives, par Ravrio. *Paris*, 1805, in-8, br.

1346. — Sacrées et profanes. Chants de 1793 à 1856, publ. par Simonnin. *Paris*, 1856, in-12, dem.-rel. mar. bl.

1347. — Les diners du Vaudeville. *Paris, an V à l'an IX*, 42 numéros en 7 vol. — Le Chansonnier du Vaudeville ou recueil de chansons inédites. *Paris, an XIII* à 1808 et 1810, 5 vol. — Choix des diners du Vaudeville. *Paris*, 1811, 2 vol. — La Fleur du Vaudeville, choix des meilleurs couplets chantés sur ce théâtre en 1816 et 1817. *Paris*, 1818, 1 vol. — Le Chansonnier des Variétés ou choix de couplets des pièces à ce théâtre. *Paris*, 1811, 1814,1818, 1819 et 1821, 5 vol. — Ensemble 20 vol. in-18, avec fig., rel. et br.

1348. — Les Soirées chantantes ou le Chansonnier bourgeois, par le Cousin Jacques (Beffroy de Reigny). *Paris*, 1805, 3 vol. in-12, br.

1349. — Les quatre saisons du Parnasse ou choix de poésies légères, avec des mélanges littéraires et des notices sur les ouvrages nouveaux, par Fayolle. *Paris*, 1805-1808, 4 années en 14 vol. in-12, figures, dem.-rel. bas.

1350. — Almanach des Dames. *Paris*, 1806-1838, 25 années diverses. — Petit almanach des Dames. *Paris*, 1812, 1813, 1817, 3 vol. — Hommage aux Dames. *Paris*, 1818 à 1825, 6 vol. — Le petit magasin des Dames. *Paris*, 1803-1810, 8 vol. — Le Chansonnier des Dames ou les étrennes de l'amour. *Paris*, 1801–1848, 8 années diverses. — Année des Dames ou petite biographie des femmes célèbres. *Paris*, 1820, 2 vol. — Almanach des Demoiselles. *Paris*, 1822 et 1828, 2 vol. — Chansonnier des Demoiselles. *Paris*, 1811, 1815 et 1820, 3 vol. — Ensemble 60 vol. in-18 et in-12, figures, rel., cart. et br.

1351. — Almanach des Muses de l'Ecole centrale des Deux-Sèvres. *Niort*, *an X*, in-12, avec musique grav., dérel.

1352. — Le Souvenir des Ménestrels, conten. une collection de romances inédites. *Paris*, 1814, 1815, 1816, 1817, 1821, 1823, 1825 et 1829, 8 vol. in-12, titres, gravures et musique gravés, rel., tr. dor.

1353. — Recueil de poésies *ad libitum*, par M. Balzac. *Paris*, 1817, in-8, br. — L'Ornithocunomachie ou combat des oiseaux et des chiens, poème, par Dupré. *Paris*, 1819, in-8, br. — Ens. 2 vol.

1354. — Jeanne d'Arc ou la France sauvée, poème, par Dumesnil. *Paris*, 1818. — L'Orléanide, poème, par Lebrun des Charmettes. *Paris*, 1819. — Ens. 2 vol. in-8, rel.

1355. — Chansons de Béranger. *Paris, Baudouin*, 1826. — Nouvelle anthologie, choix de chansons publiées par Castel. *Paris*, 1826. — Ens. 3 vol. in-18, v. gaufré, tr. dor.

1356. — Béranger. — 7 vol. in-8, br.

    Philosophie de Béranger, par P. Boiteau. *Paris*, 1859. — Lettres de Béranger à M° Allart. *Paris*, 1864. — Correspondance de Béranger, par Boiteau. *Paris*, 1860, 4 vol. — Vie de Béranger, par P. Boiteau. *Paris*, 1861.

1357. — Œuvres posthumes de Béranger. — Dernières chansons. — Ma biographie. *Paris*, 1858, in-32, portr., br.

    Envoi signé de l'éditeur Perrotin, *à son bien dévoué, Paul Lacroix.*

1358. — Guirlande poétique de Dieudonné, duc de Bordeaux, par Chalon d'Argé. *Paris*, 1820, in-8, fig., br. — Mes Loisirs, opuscules en vers, par Hilaire L. P. *Paris*, 1823, in-8, fig. de Gudin, br.

1359. — Tablettes romantiques. *Paris*, 1823, in-18, fig., dem.-rel.

    Ce recueil contient des poésies d'Abel, Eugène et Victor Hugo.

1360. — Victor Hugo. Odes et ballades. *Paris*, 1827, 3 vol. in-18, dem.-rel. mar. r.

1361. — Notice sur les Odes et Ballades de Victor Hugo, par De Lagarde. *Londres*, 1837, in-8, portr., br.

1362. — Pasquinades françaises, par Jean Jean (Léon de Chanlaire). *Paris*, 1830, in-8, br. — Révélations et pamphlets, par Morice. *Paris*, 1834, in-8, dem.-rel. — Victor, poème en cinq chants, par M***. *Paris*, 1835, in-8, vignette, br.

1363. — Esquisses poétiques par X. Marmier. *Paris*, 1831, in-18, br. — Feuilles volantes, souvenirs d'Allemagne, par X. Marmier. *Berlin*, 1833, in-12, br.

1364. — Poésies d'Hippolyte Tampucci, garçon de classe au Collège Charlemagne. *Paris*, 1832, in-16, br. — A M. Villemain, lettre sur les concours de l'Académie Française ; la guerre d'Orient, souvenir de Béranger, par Hippolyte (Tampucci), de Charlemagne. *Paris, s. d.*, in-12, br. (*Envoi d'auteur signé à P. Lacroix*). — Empédocle, vision poétique, suivie d'autres poésies, par Jean Polonius (X. de Labensky). *Paris*, 1829, in-18, br.— Ens. 3 vol.

1365. — A Casimir Périer, ode, par Jules Lacroix. *Paris*, 1832. — Charles X, par Jules Lacroix. *Paris*, 1831. — Ens. 2 broch. in-8.

1366. — Pervenches, par Jules Lacroix. *Paris*, 1838, in-16, br.

Exemplaire sur papier jonquille.

1367. — Les Nuits, poème. *Paris, E. Renduel*, 1836, in-8, br. — Vapeurs, ni vers, ni prose, par Forneret. *Paris*, 1838, in-8, br.

1368. — Les Filiales, par Gabrielle Soumet. *Paris*, 1836, in-8, dem.-rel. v. r.

Envoi d'auteur signé.

1369. — Poésies. — 5 volumes in-8, br.

Ismaël, poème, par Clermond. *Paris*, 1836. — Enosh, poème, par Mélanie Waldor. *Paris*, 1839. — Perditta (par la comtesse de Bloqueville). *Paris*, 1859. — L'Immortalité de l'âme, par De Norvins. *Paris*, 1829. — Etc.

1370. — Eleuthérides, poésies, par Mich. Berton. *Paris*, 1839, in-8, br.

Envoi d'auteur à Paul Lacroix, sur la couverture imprimée.

1371. — Océanides et fantaisies par Amédée Pommier. *Paris*, 1839. — Marquis de Foudras. Chants pour tous. *Paris*, 1842. — Ens. 2 vol. in-8, br.

1372. — Erostrate, poème, par X. Labensky. *Paris*, 1840, 1 vol. — Emotions, par J. Lesguillon. *Paris*, 1833, 1 vol. — Ens. 2 vol. in-8, br.

1373. — Résurrection, par Ch. Stoffels. *Paris*, 1840, in–8, dem.-rel. v. fauve.

Envoi d'auteur signé.

1374. — Keepsake de la Chronique. *Paris*, 1843, in-12, avec vignettes et fac-simile, cart.

Recueil de pièces de vers et de prose signées d'Alex. Dumas, père et fils, Vict. Hugo, A. Deschamps, Lamartine, etc.

1375. — Glanes, par Louise Bertin. *Paris*, 1846, in-8, br. — Le Zodiaque, satires par Barthélemy. *Lyon*, 1846, gr. in-8, fig. s. bois, br.

1376. — Erreurs poétiques, par Ozaneaux. *Paris*, 1849, 3 vol. in-8, br.

1377. — Van Hasselt. Œuvres poétiques. *Bruxelles*, 1852-1872, 8 vol. in-8 et in-12, br.

Poésies. — Incarnation du Christ. — Ballades. — Livre des Paraboles. — Etc.

1378. — Epitres en vers, accompagnées d'autres pièces courtes et variées, par T. Grille. *Paris*, 1853, in-8, dem.-rel., non rogné.

1379. — Souvenirs poétiques de l'Ecole Romantique, 1825-1840, par Ed. Fournier. *Paris*, 1880, in-12, dem.-rel. mar. r., tr. dor. — Théophile Gautier, par Baudelaire, notice préc. d'une lettre de V. Hugo. *Paris, Poulet-Malassis*, 1859, in-12, br. — Les poètes-lauréats de l'Académie Française, par Biré et Grimaud. *Paris*, 1864, 2 vol. in-12, br.

1380. — H. Cobourg. Les brûlés de Strasbourg. — Munciata : épisodes de la guerre d'Espagne. — Fables nouvelles. *Paris*, 1860-1862, 3 vol. in-12, br.

1381. — Fleurs d'Italie, poésies et légendes, par Marie de Solms. *Chambéry*, 1861, in-8, br. (*Envoi d'auteur signé*). — Une jonchée de fleurs, par Mme Testas. *Paris*, 1875, in-12, br. (*Envoi d'auteur signé*).

1382. — Le prisme de l'âme, étude (par la marquise de Blocqueville). *Paris*, 1863, in-8, br. (*Envoi d'auteur signé*). — Une idylle Normande, par André Lemoyne. *Paris*, 1864, in-12, br. — Heures d'amour, par Hipp. Lucas. *Paris*, 1864, in-12, br. (*Envoi d'auteur signé*).

1383. — Les Diamants, souvenirs d'art et de littérature (par P. Lacroix). — Les Diamants, 2ᵉ série, art, poésie, littérature. *Paris*, 1865-66, 2 vol. pet. in-fol., nombr. grav. sur acier, hors texte, br.

1384. — Les Turquoises, poésies, contes et nouvelles, par P. Lacroix. *Paris*, *s. d.*, pet. in-fol., nombr. grav., br.

1385. — Les Victimes, poésies, par Barouges. *Paris*, *Lemerre*, 1875, in-12, br. (*Envoi d'auteur signé*). — Les vibrations poétiques, par Baluffe. *Paris*, 1875, in-12, br. (*Envoi d'auteur signé*). — Fantaisies Lyonnaises, par Vingtrinier. *Lyon*, 1882, in-8, br. (*Envoi d'auteur signé*). — Les Quatre Saisons, esquisses par Ern. Feydeau. *Paris*, *s. d.*, in-12, br.

1386. — La Vida de Sᵗ Honorat, légende en vers provençaux du xiiiᵉ siècle, avec notices, par Sardou. *Paris*, 1858, in-8, br.

1387. — Lettres sur les Celtes et les Germains, les chants histor. Basques, par Cénac Moncaut. *Paris*, 1869, in-8, br. — Lettre sur l'auteur de la chanson de la croisade albigeoise et sur certains procédés de critique, par le même. *Paris*, 1869, in-8, br.

1388. — Recueil d'opuscules et de fragmens en vers patois, extr. d'ouvrages rares (publ. par G. Brunet). *Paris*, 1839, in-16, br.
Envoi à P, Lacroix.

1389. — Poésies Basques de Bernard Dechepare, d'après l'édit. de 1545. *Bordeaux*, 1847, in-8 de 82 pag., br. — Anciens proverbes Basques et Gascons, rec. par Voltaire et publ. par G. Brunet. *Bayonne*, 1873, in-8 de 30 pag., br. — Légendes et récits po-

pulaires du pays Basque, rec. par Cerquand. *Pau,*
1876 (tomes 2, 3 et 4), 3 vol. in-8, br.

1390. — Pièces en patois. — 15 broch. in-8.

> Lo disputo de Baccus et de Priapus, coumpoùzado per lou Sr Rous-
> set, de Sorlat. *O Sorlat,* 1847. — Chansons nouvelles en provençal.
> 1550. *Paris,* 1850. — Fragments de poésies en langue d'oc. *Paris,*
> 1843. — Maltro l'innocento per Jasmin. *Agen,* 1850. — Traduction en
> vers patois des Fables de La Fontaine. *Bordeaux, s. d.* —Etc., etc.

1391. — Les Bambous, Fables de La Fontaine, tra-
vesties en patois créole, par un vieux comman-
deur. *Fort Royal Martinique,* 1846, in-8, cart.

1392. — Œuvres complètes de lord Byron. *Paris,*
1830-1831, 13 vol. in-8, br.

1393. — La Comédie du Dante, trad. en vers selon la
lettre et commentée selon l'esprit, par E. Aroux.
Paris, 1857, 2 vol. in-8, br.

1394. — La Divine Comédie du Dante, trad. en vers
par de Mongis. *Paris,* 1857, in-8, br. — Dante hé-
rétique et socialiste, par Aroux. *Paris,* 1854, in-8,
br. — Le Dante et la Divine Comédie, par le baron
de Sigalas. *Paris,* 1852, in-8, br.

1395. — La Jérusalem délivrée, trad. en vers français, avec le texte italien en regard, par H. Taunay. *Paris,* 1846, 2 vol. in-8, br.

> Envoi du traducteur à P. Lacroix.

1396. — Canti d'Amore di Giammart, Arconati Visconti. *Torino,* 1872. — Arrigo Boito. Re Orso fa-
bia, seconda edizione, con note di Giam. Arconati
Visconti. *Torino,* 1873. — Appunti sull' eruzione
del Vesuvio del 1867-68 di Giam. Arconati Visconti.
Torino, 1872. — Ens. 3 opuscules in-4, br.

1397. — Farsas y eglogas al modo y estilo pastoril y
castellano, fechas por Lucas Fernandez, Salman-
tino, edicion de la Real academia Espanola. *Madrid, imprenta Nacional,* 1867, pet. in-8, br.

> Envoi à P. Lacroix.

1398. — La fontaine des fleurs, poëme d'Alex. Pous-
chkin, trad. du russe par Chopin. *Paris*, 1826 in-8,
avec 3 fig., br.

1399. — Les poètes illustres de la Pologne au xixᵉ
siècle (Cycle Ukrainien, Cycle Gallicien et Cycle
Lithuanien). *Paris et Nice*, 1876-1880, 6 vol. in-12,
br.

III. — THÉATRE.

Art dramatique et histoire du théâtre.
Œuvres dramatiques.

1400. — Précis de l'art théâtral-dramatique des anciens et des modernes, par Champfort, publ. par
Lacombe. *Paris*, 1808, in-8, dem.-rel.

1401. — Bibliothèque du Théâtre François, dep. son
origine, cont. un extrait de tous les ouvr. composés pour ce théâtre, dep. les Mystères jusqu'aux
pièces de P. Corneille, etc. (par Marin et le duc de
La Vallière). *Dresde*, 1768, 3 vol. pet. in-8, front.
grav. d'après Cochin, rel. v. marbr.

1402. — Encyclopédie théâtrale illustrée. A—ACT.
Paris, s. d., gr. in-8, cart.
    Tout ce qui a paru.

1403. — Les Origines du Théâtre moderne, par Ma-
gnin. *Paris*, 1838, tome Iᵉʳ (seul paru), in-8, dem.-
rel. v. fauve.

1404. — La Comédie en France au xviᵉ siècle, par
Em. Chasles. *Paris*, 1862, in-8, br.
    Envoi d'auteur signé.

1405. — Les Origines de l'Opéra et le ballet de la
reine en 1567, par Celler. *Paris*, 1868, in-12, br. —
Figures d'opéra-comique, par A. Pougin. *Paris*,
1875, in-12, figures, br.

1406. — L'Espagne et ses comédiens en France au
xviiᵉ siècle, par Edouard Fournier. *Paris*, 1864,

broch. in-8. — Documents relatifs à l'histoire du Cid, par H. Lucas. *Paris*, 1860, in-12, br. (*Envoi d'auteur signé*).

1407. — Histoire de la vie et des ouvrages de Molière par J. Taschereau. *Paris, Furne*, 1863, gr. in-8, portr. br.

Tirage à part à VINGT-CINQ EXEMPLAIRES seulement du Molière publ. par Furne. Exemplaire avec envoi autographe signé : « *A M. Paul Lacroix offert par l'auteur, son obligé*, J. TASCHEREAU.»

1408. — Molière jugé par ses contemporains, publ. par A. P. Malassis. *Paris, Liseux*, 1877, pet. in-8, pap. vergé, br. (*Envoi de P. Malassis à P. Lacroix*). — Les amours de Molière, par H. de La Pommeraye. *Paris*, 1873, in-18, br. (*Envoi d'auteur signé*).

1409. — Documents relatifs à Molière, 9 broch. in-8.

Molière et les registres de l'Etat civil, par Moulin. *Paris*, 1878. — Pièces inédites sur la famille de Molière, par Depping. — Découverte d'un autographe de Molière. *Paris*, 1840. — Vers espagnols inédits de Molière. *Paris*, 1864. — Commencements de la vie et dernières années de Molière, par Bazin. *Paris, s. d.* — Molière au théâtre, comédie par Bayard et Romieu. *Paris*, 1824. — Etc., etc.

1410. — Etudes sur Molière. Le Tartuffe et le Misanthrope, par A. Visiloffski (en russe). *Moscou*, 1879-81, 2 broch. in-4, fig.

Avec envois autographes à P. Lacroix.

1411. — La relique de Molière du cabinet du baron Vivant Denon, par Richard Desaix. *Paris*, 1880, in-8, portrait, br.

Envoi d'auteur signé.

1412. — Molière, auteur et comédien, sa vie et ses œuvres, par L. Dumoustier. *Paris*, 1883, in-12, dem.-rel., mar. r. tr. dor.

Hommage de l'éditeur à P. Lacroix.

1413. — Le Moliériste, revue mensuelle publ. par G. Monval. *Paris*, 1879-84, 49 livrais. in-8, br.

Manquent : 2e année, no 13. — 3e année, nos 30, 31, 34, 37 et 38. — 4e année, nos 40, 44, 48. — 5e année, nos 52, 55, 58, 59. — 6e année, no 62 et la fin.

1414. — La Serva Padrona, son apparition à Paris en 1752, par De Villars. *Paris*, 1863, in-8 br.

Envoi d'auteur signé.

1415. — Le nouveau roman comique, ou voyage et aventures d'un souffleur, d'un perruquier et d'un costumier de spectacle. *Paris, an VIII*, 2 vol. in-12, fig. dem.-rel., vél., tr. sup. dor., non rogn.

1416. — Sophie Darlon, ou les aventures d'une actrice. *Paris*, 18J4, 4 tom. en 2 vol. in-12, front. grav., dem.-rel. mar. r., tr. dor.

1417. — Revue des comédiens, ou critique raisonnée de tous les acteurs, danseurs et mimes de la capitale. (par Fabien-Pillet). *Paris*, 1808, front. grav., 2 tom. en un vol. in-18, dem.-rel.

1418. — Galerie historique des acteurs du Théâtre Français, depuis 1600 jusqu'à nos jours, par Lemazurier.*Paris*, 1810, 2 vol. in-8, front. grav. bas. rac.

1419. — Arnoldiana ou Sophie Arnorld et ses contemporains. *Paris*, 1815, in-18, dem.-rel. — Les jolies actrices de Paris, par Mahalin. *Paris*, 1868, in-18, br.

1420. — Histoire critique et littéraire des théâtres de Paris, par Chaalons d'Argé. *Paris*, 1824, in-8, dem. rel.

1421. — Théâtre. 7 vol. in-8 et in-18 br.

Le rideau levé, par Valabrègue, *Paris*, 1818. — La Théâtréide, poème. *Paris*, 1812. — Histoire de la collaboration au théâtre, par Joiret. *Paris*; 1867. — L'esprit du théâtre, par Lepoitevin. *Paris, s. d.* — Etc.

1422. — Dictionnaire théâtral, ou 1233 vérités sur les directeurs, régisseurs, acteurs, actrices, etc. *Paris*, 1824, 1 vol. — Le théâtre en province, par Carmouche. *Paris*, 1859, 1 vol. — Ens. 2 vol. in-12, br.

1423. — L'actrice et le faubourien, roman de mœurs, par Marie Aycard et Aug. Ricard. *Paris*, 1835, 4 vol. in-12, dem.-rel. vél., tr. sup. dorée, non rogn.

1424. — Théâtre, 5 vol. in-12, br.

Influence du théâtre sur la classe ouvrière, par Ed. Thierry. *Paris*, 1862. — Aventures de Mlle de Montausier, par Cavaillac. *Paris, s. d.* — Le nouvel Opéra, par Nuiter, 1875. — Le Théâtre Français sous Louis XIV, par Despois. *Paris*, 1874. — L'histoire par le théâtre. *Paris*, 1865. — Révolution et Empire, par Th. Muret.

1425. — About et la jeunesse des écoles. *Paris*. 1862, — Le dernier jour de Missolonghi, drame par Ozaneaux. *Paris*, 1828. — Les Théâtres subventionnés, par Monval. *Paris*, 1867, etc. — Ensemble 14 broch. in-8.

1426. — Plaidoyer pour ma maison, par Tisserant, du Gymnase. *Paris*, 1866, in-12, br. — A la maison, étude, par Marmier. *Paris*, 1883, in-12, br.

Envoi d'auteur signé.

1427. — Le scandale d'hier. Le comédien par un journaliste (O. Mirbeau) suivi de l'entrefilet de M. Vitu, la lettre à M. Magnard. — La réponse de M. Coquelin. — Les comédiens par un comédien. *Paris*, 1883, in-8, br.

Exemplaire sur Papier du Japon.

1428. — Histoire du Théâtre Français en Belgique, depuis son origine jusqu'à nos jours, par Fréd. Faber. *Bruxelles*, 1878-1880, 5 vol. gr. in-8, br.

1429. — La Pandore, journal des spectacles, des lettres, des arts, des mœurs et des modes. *Paris, du 4 juillet 1824 au 30 juin 1825 et du 1er août 1826 au 30 juin 1828*, en 6 vol. in-4, fig. cart., ébarb.

1430. — Le monde dramatique, histoire des théâtres anciens, revue des spectacles modernes. *Paris*, 1835-1839, 8 vol. gr. in-8, front., portr. et gravures, dem.-rel. v. bl.

1431. — La Tribune dramatique et des beaux-arts, journal de la littérature, des arts, des théâtres et de la mode. *Paris*, 1846-48, 4 vol. gr. in-8, dem.-rel. bas. verte.

1432. — Petite bibliothèque des Théâtres. *Paris*, 1783-86, 75 vol. pet. in-12, dem.-rel. bas. ant.

1433. — Terentius, trad. en vers français par le major Taunay. *Paris*, 1859, 2 vol. in-12, br.

1434. — Urwasi der Preis der Tapferkeit ein drama Kalidasa's in funf akten, herausg. von F. Bollensen. *St-Petersburg*, 1846, in-8, br.

1435. — Relation de l'ordre et monstre du Mystère des Actes des Apostres, par Gréban, recueilli par Labouvrie. *Bourges*, 1836, in-8, dem.-rel. toile. — La vie et passion de Mgr St Didier, évesque de Lengres, jouée en 1482, par Guillaume Flameng, publ. par Carnaudet. *Paris*, 1855, in-8, br.

1436. — Le docteur amoureux, pièce inédite de Molière, précédée d'un avis, par De Calonne. *Paris*, 1862, in-12, br.

1437. — Théâtre françois ou recueil des meilleures pièces de théâtre. *Paris*, 1737, 12 vol. in-12, v. marb.

1438. — Œuvres complètes de Marivaux. *Paris*, 1781, 12 vol. in-8, portr., bas. racine, fil.

1439. — Théâtre de L.-B. Picard. *Paris*, 1812, 6 vol. in-8, dem.-rel. v. fauve.

1440. — Demonville ou les Vendéens soumis, drame, par Privat. *Rennes*, *an V*, broch. in-8. — La princesse de Lamballe, tragédie en cinq actes, par Jouannos. *Paris*, 1840, in-8, br.

1441. — Théâtre choisi de G. de Pixerécourt, précédé d'une introduction par Charles Nodier. *Nancy*, 1841, 4 vol. gr. in-8, portr., br.

1442. — L'Académie ou les membres introuvables, comédie satirique en vers, par Gérard (de Nerval). *Paris*, 1824, in-8, br.

1443. — La prison de Pompéia, tragédie en un acte et en vers, par P. Lacroix, représentée sur le théâtre de l'Odéon. *Paris*, *Barba*, 1827, broch. in-8.

Avec envoi autographe de l'auteur : « A mon bon ami *Berryer*, P. Lacroix. »

1444. — Faust ou premières amours d'un métaphysi-
cien romantique, pièce de Goëthe arrangée pour la
scène française. *Paris*, 1829, in-8 de 80 pag., br.

> Piquante satire anti-romantique.

1445. — Napoléon Bonaparte, drame en six actes,
par Alexandre Dumas. *Paris*, 1831, in-8, br.

> Avec un envoi autographe : « *A mon bon et brave Paul Lacroix.*
> A. Dumas. »

1446. — La Maréchale d'Ancre, drame, par Alfred de
Vigny, avec un dessin de Tony Johannot. *Paris*,
1831, in-8, br.

> Avec envoi d'auteur signé.

1447. — Gautier-le-Croisé, drame, par Bonnin. *Paris*, 1843, in-12, br. — La guerre de Spartacus, par
Renzi. *Paris*, 1832, in-8, br.

1448. — Trilogie sur les Burgraves, par le capitaine
Ledru. *Paris*, 1845. — Réflexions d'un anti-trilo-
giste sur la Trilologie. *Paris*, 1845, 2 broch. in-8.

1449. — Léosthène ou un homme politique, comédie
en cinq actes, par Em. Lassailly. *Paris*, 1847, in-8,
br.

> Avec envoi d'auteur signé.

1450. — Le Chariot d'enfant, drame en vers, par
Méry et Gérard de Nerval. *Paris*, 1850, in-12, br.

> Avec envoi autographe signé : « *A mon vieil ami Paul Lacroix.*
> Gérard de Nerval. »

1451. — Dante et Béatrix, drame, par De Bornier.
Paris, 1853. — Agamemnon, tragédie en cinq actes, par De Bornier. *Paris*, 1868, 2 broch. in-12.

> Envois d'auteur signés.

1452. — Peut-on aimer sa femme ! comédie en un
acte et en vers, par Ern. Gebauer. *Paris*, 1855,
in-8, br.

1453. — La Religion, drame en vers, par Courtat.
Paris, 1861, in-12, br.

> Envoi d'auteur signé.

1454. — Vercingétorix, drame, par Henri Martin. *Paris*, 1863, in-8, br.

Envoi d'auteur signé.

1455. — Racine à Uzès, comédie, par Edouard Fournier. *Paris*, 1865, in-12, br.

Envoi d'auteur signé.

1456. — Théâtre. L'Aventurière des Colonies, drame en cinq actes, par Madame Rattazi. *Florence*, 1867. — Les Chercheurs d'amour, scènes, par Philozène Boyer. *Paris*, 1855. Etc.— Ensemble 12 brochures in–12.

Envois d'auteurs signés.

1457. — Heureux en bonnes, vaudeville, par Roger de Beauvoir. *Paris*, 1868. — Le supplice des Fiacres, vaudeville, par Roger. *Paris*, 1866, 2 broch. in-12.

Envois d'auteur signés.

1458. — Edouard Fournier. Gutenberg, .drame en cinq actes, en vers. *Paris*, 1869, gr. in-8, br.

Avec envoi autographe de l'auteur : « *A son ami Paul Lacroix,* EDOUARD FOURNIER. »

1459. — Philippe, pièce en vers, par Du Clésieux. *Paris*, 1870. — L'oncle Million, comédie, par Bouillet. *Paris*, 1861. — Le bréviaire des Comédiens, par Lelion. *Paris,* 1883. — 3 vol. in-12, br.

1460. — Œuvres de Jules Lacroix. Théâtre. *Paris*, 1874, 3 vol. in–12, br.

Exempl. en GRAND PAPIER DE HOLLANDE, avec envoi autogr. signé au crayon : *A mon frère Paul* (P. Lacroix), JULES LACROIX. »

1461. — Dans un tombeau, comédie, par Ruelens. *Paris*, 1870, in-8, br. — Un acte de vertu, comédie en vers. *Paris*, s. d., in-8, br. — Le mystère du progrès, tragédie, par St-Yves. *Paris*, 1878, in–12, br. (*Envoi d'auteur signé*).

IV. — FICTIONS EN PROSE. — ROMANS.

1462. — Amours de Théagènes et Chariclée, histoire éthiopique. *Genève (Paris, Cazin)*, 1782, 2 vol. in–18, dem.-rel. toile, ébarb.

1463. — Les Œuvres de Franç. Rabelais, augm. de la vie de l'auteur et de quelq. remarques, av. l'explicat. de tous les mots difficiles. *S. l., (Amst., Elsevier, à la Sphère)*, 1666, 2 vol. pet. in-12, vél. de Holl.

1464. — Œuvres de F. Rabelais. *Paris, L. Janet*, 1823, 3 vol. in 8, bas. marbr.

1465. — Œuvres de Rabelais, avec des remarques histor. et philolog. de tous les commentateurs. *Paris et Bruxelles*, 1836, 7 vol. pet. in-18, fig., br.

Les tomes 6 et 7 contiennent les tableaux des couleurs, des danses, des ordres ou sociétés de plaisir, un glossaire, les jurons et imprécations, les *erotica verba* et un *Rabelæsiana*.

1466. — Œuvres de Rabelais, ramenées à une orthographe qui facilite la lecture, par Burgaud Des Marets et Rathery. *Paris*, 1857, 2 vol. in-12, br.

1467. — Œuvres de Rabelais, précéd. d'une notice par P. Dupont, illustr. par Gust. Doré. *Paris*, 1858, 2 vol. in-8, br.

1468. — Premier livre de Rabelais. Gargantua, publ. avec des variantes, par Chéron. *Paris, Jouaust*, 1876, in-12, br. — Supplément aux œuvres de Rabelais. Songes drôlatiques de Pantagruel. Suite de 120 gravures sur bois. *Paris*, 1870, in-12, br.

1469. — Lacroix (P.). Rabelais, sa vie et ses ouvrages. — Marion Delorme et Ninon de Lenclos. — Impressions de voyage en Italie. *Paris*, 1858-59, 3 ouvr. en un vol. pet. in-18, cart., non rog.

1470. — Rabelais et son maître, par A. Heulard. *Paris*, 1884, br. gr. in-8. (*Envoi d'auteur signé*). —

Rabelais, médecin, avec notes et commentaires, par
Brémond. *Paris*, 1879, in-12, fig., br.

1471. — Le Cymbalum Mundi, par Bonavent. Des
Periers, publ. par le Bibliophile Jacob. *Paris,*1858,
in-12, dem.-rel. v. v. — Œuvres de Cyrano de Ber-
gerac, publ. par le Bibliophile Jacob. *Paris*, 1858,
2 vol. in-12, dem.-rel.

1472. — De la lecture des vieux romans, par Chapelain, publ. par A. Feillet. *Paris*, 1870, in-8, br.

1473. — Mémoires de la comtesse de Tournemir, avec
div. autres histoires. *Amsterd.*, 1708, 2 tom. en
1 vol. in-12, dem.-rel. vél. bl., tr. sup. dorée, non
rogn.

1474. — Gomgam ou l'homme prodigieux transporté
dans l'air, sur la terre et sous les eaux (par Bordelon). *Paris*, 1711, 2 vol. in-12, fig., v. — Les tours
de Maître Gonin (par Bordelon). *Paris*, 1714.
2 tom. en un vol. in-12, fig., v.

1475. — Histoire et avantures de Dona Rufine, fameuse courtisane de Séville, trad. de l'espagn.
Paris, 1731, 2 vol. in-12, fig., dem.-rel. mar. r., tr.
dor.

1476. — Les avantures du chevalier Des Grieux et
de Manon Lescaut, par M. D*** (l'abbé Prévost
D'Exiles). *Amst.*, 1733, in-12, dem.-rel. mar. r., tr.
dor.

Edition rare et qui a longtemps passé pour la première de ce roman.

1477. — Relation du Monde de Mercure (par le chevalier de Béthune). *Genève*, 1750, 2 vol. pet. in-12,
dem.-rel. mar. orange, tr. dor.

1478. — Avantures singulières du faux chevalier de
Warvick, prisonnier d'Etat au Donjon de *** et de
L. M. D. *** aussi prisonnier de chambrée avec ce
chevalier. *La Haye*, 1750, 2 part. en un vol. in-12,
dem.-rel. mar. r., tr. dor,

1479. — Histoire de Tom Jones ou l'enfant trouvé,
trad. de l'anglais de Fielding, par De la Place.
Paris, 1751, 4 vol. in-12, titres gravés et fig. de
Gravelot, dem.-rel. mar. r., tr. dor.

1480. — Zeczeczeb, anecdotes Indostanes. *La Haye*,
1751, 4 part. en 2 vol. in-12, titres grav., dem.-rel.
mar. vert, tr. dor.

1481. — Histoire de Mademois. Brion, dite Comtesse
De Launay. *Paris*, 1754, in-12, dem.-rel. mar. r.,
tr. dor. — Mémoires du seign. Fioraventi connu
sous le nom de Marquis Damis, écrits par lui-
même. *Genève*, 1760, 4 vol. in-12, dem.-rel. v. f.

1482. — Tant pis pour luy ou l'amant Salamandre.
S. l., 1761, 2 part. en un vol. in-12, titres grav.,
dem.-rel. mar. Laval., tr. dor.

1483.— L'éducation du jeune comte de B*, ses amours
avec Emilie de T*, et ses voyages, par De Rague-
net. *Londres*, 1765, in-4, v. — Mémoires Turcs
(par Godart d'Aucourt). *Francfort*, 1769, in-12,
cart.

1484. — Candide ou l'optimisme, trad. de l'allem. du
docteur Ralph, par M. de V. (Voltaire). *S. l.*, 1766,
2 part. — Candide en Dannemarc ou l'optimisme
des honnêtes gens. *Genève*, 1769, 2 ouvr. en un
vol. in-12, bas. marb.

1485. — Les malheurs de l'amour. *Paris*, 1766,
2 part. en 1 vol. in-12, dem.-rel. vél. bl., tr. marbr.
— La Cacomonade, ouvrage posthume du doct.
Pangloss (par Linguet). *Paris*, 1767, in-12, dem.-
rel. mar. Laval., tr. dor.

1486. — Histoire de Sophie de Francourt. *Paris*,
1768, 2 vol. in-12 fig. de Gravelot, dem.-rel. mar.
r., tr. dor.

1487. — Les jeux de la fortune, par De S***. *Amsterdam*, 1768, in-12, dem.-rel. v. viol., tr. dor. — Les
aventures merveilleuses de Don Silvio de Rosalva,

trad. de l'allem. *Paris*, 1769, 2 vol. in-12, dem.-rel. mar. Lavall., tr. dor.

1488. — Les pressentiments justifiés, anecdote historique. *Paris*, 1769, in-12, dem.-rel. vél. bl. — Guliane, conte physique et moral. *Paris*, 1770, in-12, dem.-rel. vél. bl.

1489. — La nouvelle lune ou histoire de Pœquilon, par Le B**. *Lille*, 1770, 2 part. en un vol. in-12, dem.-rel. mar. r., tr. dor.

1490. — Candide anglois, ou aventures tragi-comiques d'Amb. Gwinett, avant et dans ses voyages aux deux Indes. *Francfort*, 1771, 2 part. en un vol. in-12, dem.-rel. mar. bl., tr. dor.

1491. — Jeannette seconde ou la nouv. paysanne parvenue, par G** de la Bataille. *Amsterd.*, 1771, 3 vol. in-8, dem.-rel. vél. bl., doré en tête.

1492. — Vie et aventures de Pierre Pinson, dit le chevalier Bero, Cordelier manqué. *Paris*, 1773, 2 vol. in-12, dem.-rel. mar. r., tr. dor.

1493. — On ne s'y attendoit pas. *Paris*, 1773, 2 vol. in-12, dem.-rel. vél. bl., tr. sup. dor., non rogn.

1494. — Confession générale du Chev. de Wilfort. *Leipsik*, 1774, in-12, avec une fig. grav. d'après Greuze, dem.-rel. mar. r., tr. dor.

1495. — Lettres angloises ou histoire de Miss Clarisse Harlove, avec l'éloge de Richardson. *Paris*, 1777, 14 tom. en 7 vol. in-12, fig., dem.-rel. mar.n., tr. dor.

1496. — Clarisse Harlowe, trad. par Letourneur, rev. par Richardson (l'auteur). *Genève et Paris*, 1885-86, 10 vol. in-8, portr. et jolies fig. de Chodowiecki, v. ant. marbr.

1497. — Le philosophe anglois ou histoire de Cléveland, fils naturel de Cromwel, écrite par lui-même. *Londres*, 1777, 6 vol. in-12, av. fig., dem.-rel. mar. n., tr. dor.

1498. — La Religieuse, par Diderot. *Paris, an V,* in-8, br., ébarbé.

1499. — Lettres de Stéphanie ou l'héroïsme du sentiment, roman historique, par la comtesse de Beauharnais. *Liège,* 1779, 4 tomes en 2 vol. in-12, dem.-rel. v. v., tr. dor.

1500. — Dialogues moraux de M. de C***, suivis de l'hist. d'un Baron Picard. *Paris, s. d. (vers* 1780), in-12, titre dess. par Quéverdo, grav. par Fessard, dem.-rel. mar. r., tr. dor. — Clairville et Adélaïde de St-Alban. nouvelle, par de Charnois. *Paris,* 1782, in-12, fig. grav. par Duclos, dem.-rel. vél.bl., dor. en tête, non rogn.

1501. — Le criminel sans le savoir, roman historique. *Paris,* 1783, in-12, cart. — Les aventures de Mathurin Bonice, premier habitant de l'isle de l'esclavage, par un académicien. *Paris,* 1783, 4 part. en 2 vol. in-12, dem.-rel. mar. gren., tr. dor.

1502. — Les folies philosophiques, par un homme retiré du monde. *S. l.,* 1784, 2 vol. in-18, v. marbr., fil. — Mémoires de M. de Berval. *Paris,* 1784, in-12, dem.-rel. toile lustrée.

1503. — Le vicomte de Barjac ou mémoires pour servir à l'hist. de ce siècle (par Choderlos de Laclos). *Dublin,* 1784, in-12, cart., dem.-toile, tr. marbr.

1504. — Les mille et une folies, contes français, par M. N** (Nougaret). *Amst.,* 1784, 4 vol. in-12, dem.-rel. toile lustrée, tr. marbr.

1505. — Le vice et la foiblesse ou mémoires de deux provinciales. *Paris,* 1786, 2 vol. in-12, dem.-rel. vél. bl., tr. sup. dorées, non rogn.

1506. — Geneviève de Cornouailles et le demoisel sans nom, roman de chevalerie, par De Meyer. *Paris,* 1786, 2 tom. en un vol. in-12, dem.-rel. vél. bl., tr. sup. dorée, ébarbé. — La négresse couronnée ou les mœurs des peuples mises en action. *Paris*, 1786, 2 vol. in–18, dem.-rel. mar. n., tr. dor.— Sandford et Merton, trad. de l'anglois, par M**. *Paris*, 1786, 7 part. en 3 vol. in–18, fig., dem.-rel. vél. bl., tr. marbr.

1507. — L'année galante ou les intrigues secrètes du marquis de L*** (Luchet). *Londres*, 1786, in-12, dem.-rel. vél. blanc, tête dor.

1508. — Les égarements d'un philosophe ou la vie du chevalier de Saint-Albin, par de Saint-Clair. *Paris*, 1787, 2 tom. en un vol. in-12, fig., dem.-rel. mar. r., tr. dor. — Les folies sentimentales ou l'égarement de l'esprit par le cœur, rec. d'anecdotes nouvelles. *Paris*, 1786, in-18, fig., mar. r.

1509. — Zilia et Agathide ou la volupté et le bonheur, par M. ***. *Madrid*, 1787, 2 part. en un vol. in-18, dem.-rel. mar. r., tr. dor. — Le comte de Tersane, histoire presque véritable. *Paris*, 1787, in-8, dem.-rel. toile, tr. marbr.

1510. — Les amans d'autrefois, par Mad. la comtesse de B***. *Paris*, 1787, 3 vol. in-8, dem.-rel.vél. blanc, tête dorée.

1511. — Les prémices de ma jeunesse ou Arlequin héros dans le royaume de Cathai, en l'an du Seigneur 12012, par Chérensi. *Paris*, 1787, in-12, dem.-rel. vél. blanc, tr. sup. dor., non rogn. — Roland et Séraphine, histoire turque. *Paris*, 1788, 2 part. en 1 vol. in-12, dem.-rel. vél. bl.

1512. — Sargines, nouvelle, par D'Arnaud. *Paris*. 1788, in-8, frontisp. en tête de chap. et cul-de-lampe d'Eisen, gravés par de Ghendt, cart., ébarbé.

1513. — Préface à Vathek, par Stéph. Mallarmé. *Paris*, 1876, in-8, br.
Envoi d'auteur signé.

1514. — Artamon et Susanne, hist. trad. de l'anglais.

Paris, 1789, 2 vol. in-12, dem.-rel., vél. bl., tr. sup. dor., non rogn. — La jeune nièce ou l'histoire de Suckei Thornby. *Paris*, 1789, 3 tom. en un vol. in-12, dem.-rel. vél. bl., tr. marbr. (*Quelques taches*).

1515. — Histoire de la vie et de la mort de Bianca Capello, noble vénitienne et grande duchesse de Toscane (trad. de Meissner, par le marquis de Luchet). *Paris*, 1790, 4 tom. en 2 vol. in-12, fig., bas. marb.

1516. — Vie et amours du chevalier de Faublas, par Louvet de Couvray. *Paris*, 1790, 13 tom. en 6 vol. in-18, fig. de Challiou, bas. racine.

1517. — Emma ou l'enfant du malheur. *Paris*, 1792, 2 vol. in-18, fig., dem.-rel. vél. blanc, tr. marbr. — Les amours et les malheurs de Louise. *Paris*,1790, 2 part. en un vol. in-18, dem.-rel. mar. r., tr. dor.

1518. — Hermann et Ulrique, trad. de l'allem. *Paris*, 1792, 2 vol. in-12, fig., dem.-rel. mar. vert, tr. dor. — Honorine Clarens, histoire américaine, publ. par Nougaret. *Paris*, 1792, 2 vol. in-18, dem.-rel. mar. r., tr. dor.

1519. — Charmansage ou mémoires d'une jeune citoyen faisant l'éducation d'un ci-devant noble. *Paris*, 1792, 4 vol. in-12, dem.-rel., vélin bl., tr. sup. dor., non rogn.

1520. — Le souterrain ou Mathilde, par Miss Sophie Lée. *Londres*, 1793, 4 tom. en 2 vol. in-12, fig., dem.-rel. vél. bl., tête dorée, non rog. — Lady Mathilde, suite de simple histoire, par Deschamps. *Paris*, 1793, 2 tom. en 1 vol., fig., dem.-rel. mar.r., tr. dor.

1521. — Zélie dans le désert, par Mad. D***, nouv. édit. avec supplém. *Genève*, 1793, 4 vol. in-18, fig., dem.-rel. mar. vert, tr. dor. — Félix et Pauline ou le tombeau au pied du Mont-Jura, par Blanchard.

Paris, an II (1793), 2 part. en 1 vol. in-18, fig., dem.-rel. vél. bl., tr. supér. dor., non rogn.

1522. — Lidorie, anc. chronique allusive, publ. par Gorgy. *Paris, an II* (1793), 2 vol. in-18, fig. de Gorgy, dem.-rel. percal. — Werthérie, par Perrin. *Paris, an II* (1793), 2 vol. in-12, fig., dem.-rel. vél. bl., tête dor.

1523. — Dorbeuil et Céliane de Vabran, leurs amours et leurs malheurs pendant la tyrannie de Robespierre (par Le Bastier). *Paris, an III,* 2 tom. en un vol. in-18, fig., dem.-rel., vél. bl. — Confidence d'un jeune homme, par Coudren-Susanne. *Paris, an III*, in-12, fig., dem.-rel., vél. bl., tête dor.

1524. — Valdeuil ou les malheurs d'un habitant de Saint-Domingue, publ. par Maton. *Paris*, 1795, 2 tom. en 1 vol. in-18, fig., dem.-rel. vél. bl., tête dorée. — Blançay, par Gorgy. *Paris, an III,* 2 vol. in-18, fig., bas. marbr., fil.

1525. — Philosophie de Monsieur Nicolas, par l'auteur du cœur humain dévoilé (Restif de la Bretonne). *Paris*, 1796, 3 vol. in-12, dem.-rel.

1526. — Sabina d'Herfeld ou les dangers de l'imagination, lettres prussiennes, par St C**. *Paris* (1796), 2 part. en un vol. in-18, fig., dem.-rel. vél. blanc, tête dorée. — Antoine Bernard et Rosalie ou le petit Candide. *Paris*, 1796, in-12, fig., dem.-rel. vél. bl., tête dor.

1527. — Simplice ou les voluptés d'amour, par P. Blanchard. *Paris*, 1796, in-18, fig., dem.-rel. vélin, tr. sup. dor., non rogn.

1528. — Les faveurs du sommeil. *Paris, an IV*, in-18, avec gravures, dem.-rel. vélin, tr. sup. dorée, non rogn.

1529. — Voyage autour de ma chambre, par M. le C. X*** (Xavier de Maistre). *Paris*, 1797, in-18, front.

gravé, dem.-rel. vél. bl., tr. sup. dorée, non rogn. (*Taché*).

1530. — Les choses comme elles sont ou les aventures de Caleb Williams, par Will. Godwin, trad. de l'anglais. *Paris*, 1797, 4 tom. en 2 vol. in-18, fig., dem.-rel. mar. Lavall. — Amours ou lettres d'Alexis et de Justine, par M***. *Paris*, 1797, 2 tom. en un vol. in-18, fig., dem.-rel. mar. r., tr. dor.

531. — Coralie ou le danger de se fier à soi-même, par Mad. de Ch**. *Paris*, 1797, 2 tomes en 1 vol. in-18, fig., dem.-rel. vél. bl., tête dorée. — Emma ou l'enfant du malheur. *Paris*, 1797, 2 tom. en 1 vol. in-18, fig., dem.-rel. mar. r., tr. dor. .

1532. — Adèle et Germeuil ou l'hermitàge des Monts Pyrénéens, par Rosny. *Paris*, 1797, 2 tom. en un vol. in-18, fig. de Quéverdo, dem.-rel. vél. blanc, tr. sup. dorée, non rogn. — Les esprits de la Montagne ou Annette et Frédéric, histoire véritable, trad. de l'allemand de Spiess par Maltière. *Paris*, *an VII*, in-12, fig., dem.-rel. mar. bl., tr. dor.

1533. — Les amours et aventures d'un émigré, par Dumaniant. *Paris*, 1797, 2 tom. in-18 en 1 vol.,fig. de Challiou, dem.-rel. mar. r., tr. dor.

1534. — Evelina ou l'entrée d'une jeune personne dans le monde, par Miss Burney, trad. de l'anglais. *Paris*, 1798, 3 vol. in-18, fig., dem.-rel. percal. — Les dangers de l'intrigue, par J. de Lavallée. *Paris*, 1793, 2 tom. en un vol. in-12, fig. de Berthet, bas. racine.

1535. — La femme de bon sens ou la prisonn. de Bohême, trad. de l'angl. par Ducos. *Paris*, 1798, 2 vol. in-12, fig., dem.-rel. vél. blanc, tête dorée, ébarbé. — Amin ou ces derniers temps. *Paris*, *an VI*, in-12, cart., non rogn.

1536. — La Gageure dangereuse, imitat. de l'allem. par Mme ***. *Paris*, 1798, in-12, fig., dem.-rel. mar.

r., tr. dor. — Petite chronique du royaume de Tatoiaba, par Wieland, trad. de l'allem. (par de Bock). *Metz, an VI*, 3 tom. en 1 vol. in-18, fig., dem.-rel. vél. bl., tr. sup. dorée.

1537. — Jemmy et Sophie ou les méprises de l'amour, trad. de l'angl. par L. M. *Paris*, 1798, 2 vol. in-12, fig., dem.-rel. mar. r., tr. dor. — La vengeance maternelle et les situations du chevalier de Rosemont, écrites par lui-même. *Paris, an VI*, in-18, fig., dem.-rel. mar. r., tr. dor.

1538. — Adèle de Sénange ou lettres de lord Sydenham. *Genève, an VI*, 2 vol. in-12, fig. grav. d'après Challiou, dem.-rel. mar. vert, tr. dor.

1539. — La dot de Suzette ou hist. de Mad. de Senneterre racontée par elle-même (par Fiévée). *Paris, an VI*, in-18, fig., dem.-rel. mar. noir, tr. dor. — Hist. de Calixta ou l'amour conjugal, trad. de l'angl. de M. Johnson. *Paris*, 1798, 2 tom. en un vol. in-12, fig., dem.-rel. mar. Lavall., tr. dor. (*Taché*).

1540. — Le triomphe du sentiment ou hist. de madem. de Sirval, par M. Tournon. *Paris*, 1798, 2 part. en 1 vol. in-18, fig., dem.-rel. mar. rouge, tr. dor. — Georgeana ou la vertu persécutée et triomphante, trad. de l'anglais. *Paris, an VI*, 2 vol. in-18, fig., dem.-rel. mar. r., tr. dor.

1541. — L'Italien ou le confessionnal des pénitents noirs, par Anne Radcliffe, trad. par Morellet. *Paris*, 1798, 4 vol. in-18, fig., dem.-rel. percal., non rogn.

1542. — Le poète ou mémoires d'un homme de lettres écrits par lui-même (par Desforges). *Hambourg*, 1799, 8 vol. in-12, fig., dem.-rel. mar.rouge, tr. dor.

1543. — Les orphelins de Flower-Garden. *Paris, an VII*, 4 vol. in-12, figures grav. par Mariage, v. racine, dos et plats ornés, tr. dor.

1544. — Le prieuré de St Bernard ou l'usurpateur puni, trad. de l'anglais. *Paris, an VII*, 2 tom. en un vol. in-12, fig. à l'eau-forte de Du Moulin, cart.

1545. — Sainte-Hélène et Monrose ou les aventures aériennes, hist. véritable. *Paris, an VII*, 2 tom. en un vol. in-12, fig. de Challiou, dem.-rel. vél. bl., tr. sup. dorées, non rogn. (*Taché*). — Le bonheur rural ou tableau de la vie champêtre en XII livres, par J. Rosny. *Paris, an VII*, in-8, front. gravé, dem.-rel. perc., tr. marbr.

1546. — Sophie de Beauregard ou le véritable amour. *Paris, an VII*, 2 vol. in-12, fig. de Binet, dem.-rel. mar. r., tr. dor. — Eugénie et Charles ou les victimes de l'ambition et de l'hypocrisie. *Paris, an VII*, 2 vol. in-18, fig., dem.-rel. mar. r., tr. dor.

1547. — Félix ou les aventures d'un jeune officier. *Vire, an VII*, 2 vol. in-12, fig., dem.-rel. mar. r. tr. sup. dor., ébarbé.

1548. — Histoire de Péquilon et d'Olimpie. *Paris, an VII*, 2 tom. en un vol. in-12, dem.-rel. mar. r., tr. dor. — Misanthropie et repentir, trad. de l'allem. de Kotzebue. *Paris, an VII*, in-18, fig. de Chaillou, dem.-rel. vél. bl.

1549. — Sophie de Beauregard ou le véritable amour, par L. C. L. G. *Paris, an VII*, 2 tom. en un vol. in-12, fig. de Binet, dem.-rel. vél. bl., tr. marbr.

1550. — Clémentine ou le legs fatal, par John Seally, trad. de l'angl. par Perrine Perruchot. *Paris, an VII*, 2 tom. en un vol. in-18, avec 3 fig., dem.-rel. mar. r., tr. dor. — La pauvre rentière, par H. Lemaire. *Paris, an VII*, in-18, avec une fig. de Monsiau grav., dem.-rel. toile.

1551. — L'enfant du Carnaval, hist. remarquable et surtout véritable, pour serv. de supplém. aux Rapsodies du jour, par Pigault-Lebrun. *Paris, an VII*, 4 vol. in-18, fig., dem.-rel. percal.

1552. — Le fratricide ou les mystères de Dusseldorf, par Anna-M. Machenzie. *Paris, an VII*, 3 vol. in-18, fig., dem.-mar. Lavall., tr. marbr.

1553. — Christine et Sigefroid ou le triomphe de l'amour, par B. C. *Paris, an VII*, in-12, fig., dem.-rel. percal., non rogn. — Alberti ou l'erreur de la nature, par Mme de C**, suivi de Mélusine. *Paris, an VII*, 2 vol. in-12, fig., dem.-rel. mar. r., tête dorée.

1554. — Jean Clergeot ou le danger de changer de nom. *Paris, an VII,* in-12, fig. par Huot, dem.-rel. mar. bleu, tr. dor. — Le Pacha ou les coups du hazard et de la fortune. *Paris, an VII*, in-12, fig., dem.-rel. mar. r., tr. dor.

1555. — Isman ou le fatalisme, histoire persane, par Fr. Rivarol. *Paris, an VII*, 2 tomes avec grav. en un vol. in-12, dem.-rel. vél. bl., tr. sup. dor., non rogn. — Les amours de Lysis et de Thémire dans l'île de Délos, par F. Rivarol. *Paris, an VII*, in-12, fig. de Bonnet, dem.-rel. vél. bl.

1556. — Lioncel ou l'émigré, nouv. historique, par L. de Bruno, né sur les rives du Gange. *Paris*, 1800, 2 tom. en un vol. in-12, fig., dem.-rel. mar. noir, tr. dor. — Le Tartuffe révolutionnaire, imité de l'anglois, par Mme **. *Paris*, 1800, 2 vol. in-12, dem.-rel. vél. bl., dor. en tête.

1557. — Roméo et Juliette, roman historique, par Regnault de Warin. *Paris s. d. (vers* 1800), 2 tom. en un vol. in-12, fig., dem.-rel. vél. bl., tr. sup. dor., non rogn. — Rosebelle, historiette du treizième siècle, par P. B. de Dammartin. *Paris, an VIII*, in-12, fig., dem.-rel. vél. bl., tête dorée.— La pauvre rentière, par H. Lemaire. *Paris*, 1800, in-18, fig. de Monsiau, dem.-rel. mar. Lavall., tr.dor.

1558. — Brick Bolding ou qu'est-ce que la vie ? roman anglo-franc-italien (par Servin). *Paris, an VIII*, 3 tom. en un vol. in-12, fig., dem.-rel. vél.bl.

1559. — Histoire du sage Danischmend, favori du sultan Scha-Gebal, et des trois Calenders, ou l'égoïste et le philosophe, trad. de l'allem. de Wieland. *Paris*, 1800, 2 vol. in-12, fig., dem.-rel. vél. bl., tr. sup. dorées, ébarb.

1560. — Irma ou les malheurs d'une jeune orpheline, hist. indienne. *Deilhy, an VIII*, 4 tom. en 2 vol. in-18, fig., dem.-rel. mar. r., tr. dor. — Célesta ou le frère dénaturé, par J. A. Gardy. *Paris, an VIII*, in-18, fig., dem.-rel. mar. r., tr. dor. — Julie ou la sœur ingrate. *Paris*, 1800, 2 vol. in-12, fig., dem.-rel. mar. r., tr. dor. (*Mouillure*).

1561. — Souvenirs de Milady Cartemane ou les mœurs du temps passé, par A. Diannyère. *Paris, an VIII*, 2 part. en un vol. in-12, fig., dem.-rel. vél. bl., tr. sup. dor., non rogn. — Eléonore et d'Arsans ou les époux réunis. *Paris, an VIII*, in-18, fig., dem.-rel. vél. bl.

1562. — L'enfant de mon père ou les torts du caractère et de l'éducation, par Dumaniant. *Paris, an VIII*, 2 tomes en un vol. in-18, fig., dem.-rel. mar. rouge, tr. dor. — Zénobie ou la nouvelle Cœlina, par Th. Delbarre. *Paris, an VIII*, 2 tom. en 1 vol. in-12, fig., dem.-rel. mar. r., tr. dor.

1563. — Les folies d'un conscrit, par Quesné. *Paris, an VIII*, in-18, fig., dem.-rel. percal.— Manuel des Fous ou le grand festin de l'Elysée, par P. Sollier. *Paris*, 1800, in-12, fig. de Binet grav. par Bonnet, dérel.

1564. — Le solitaire des Pyrénées ou mémoires pour serv. à la vie du marq. de Felcourt, par G... L**. *Paris*, 1800, 3 vol. in-12, fig., dem.-rel. mar. rouge, tr. dor. — Franz ou le chasseur, trad. de l'allemand. *Paris, an VIII*, 2 vol. in-12, dem.-rel. mar. bleu, tr. supér. dor., non rogn.

1565. — Les amours malheureuses d'Anne de Cobourg, de Sophie de Hanovre et de plusieurs au-

tres princesses, trad. de l'allem. par Delamarre.
Paris, 1801, in-12, fig., dem.-rel. mar. r., tr. dor.
— Herman d'Unna ou aventures arrivées au xve
siècle dans le temps du Tribunal secret, trad. de
l'allem. par De Bock. *Paris*, 1801, 2 vol. in-12, fig.,
dem.-rel. vél. bl., tr. supér. dor.

1566. — Bruce ou le Don Quichotte de l'amitié, trad.
de l'angl. par P. Chanin. *Paris, an IX* (1801),
3 vol. in-8, fig., dem.-rel. toile angl., non rog. —
Arabelle ou le Don Quichotte femelle, trad. de
l'angl. *Paris*, 1801, 2 vol. in-12, fig., dem.-rel. vél.
bl., dor. en tête.

1567. — La femme grenadier, nouv. hist. (par Gacon
Dufour). *Paris*, 1801, in-12, dem.-rel. vél. bl. —
Histoire d'un géant, écrite par un nain. *Paris, s.
d.*, in-8, fig., dem.-rel. vél. bl., tête dor.

1568. — Ermanzor et Ariane ou hist. d'Ismaïl B.....
Mameluck, officier à la suite de Kléber. *Paris*,
1801, 2 tom. en un vol. in-12, fig., dem.-rel. mar.
noir, tr. dor. — Fréd. Latimer ou histoire d'un
jeune homme à la mode. 2 tom. en un vol. in-12,
fig., dem.-rel. mar. viol., tr. dor.

1569. — Orfeuil et Juliette ou le réveil des illusions.
Paris, 1801, 3 vol. in-12, fig. de Binet, dem.-rel.
mar. r., tr. sup. dor., ébarbés.

1570. — Amour et galanterie, dans le genre de Faublas, par B. de St-V... *Paris*, 1801, 2 tom. en un
vol., fig., dem.-rel. mar. r., tr. dor. — La vie de
mon oncle et son portefeuille, par C. d'A. (Cousin
d'Avallon). *Paris*, 1801, in-12, fig., dem.-rel. vél.
bl., tr. supér. dor.

1571. — La folie espagnole, par Pigault-Lebrun. *Paris*, 1801, 4 vol. in-12, fig., dem.-rel. bas.— La soi-
rée d'été, par Lewis, trad. de l'anglois. *Paris*,1801,
2 vol. in-12, fig., dem.-rel. vél. bl., tr. supér. dor.

1572. — Rosalina ou les méprises de l'amour et de la
nature, par Mme G. de Morency. *Paris*, 1801,

2 vol. in-12, portr., dem.-rel. mar. r., tr. dor. —
L'hermite de vingt ans, anecdote du xviiie siècle,
avec romances, par L. Ponet. *Paris*, 1801, 2 tom.
en un vol. in-18, fig., dem.-rel. vél. bl., dor. en
tête.

1573. — La pauvre orpheline ou la force du préjugé.
Paris, 1801. 2 tom. en un vol. in-12, fig., dem.-rel.
mar. vert, tr. dor. — La fille du hameau, par Re-
gina Maria Roche, trad. de l'angl. *Paris*, 1801,
3 vol. in-12, fig. de Dupréel, dem.-rel. mar. r., tr.
dor. — La femme grenadier, nouvelle historique.
Paris, 1801, in-12, fig., mar. Lavall., tr. dor.

1574. — La Marmote philosophe ou la philosophie en
domino, par Madame Fanny de Beauharnais. *Paris, s. d.*, 3 vol. in-12, cart., non rog.

1575. — Eugénio et Virginia, orné de 12 fig. par Le-
barbier. *Paris, an IX*, 2 vol. in-18, dem.-rel. mar.
rouge, tr. dor. — Renelle, roman pastoral, par C.
Colleville. *Paris*, 1801, in-18, fig., dem.-rel. vél.
bl., tr. supér. dor.

1576. — Les dangers d'un mariage forcé. *Paris*,1801,
2 tom. en 1 vol. in-18, fig., dem.-rel. mar. rouge,
tr. dor.— Emanuella ou la découverte prématurée,
par Mme Haywood, trad. de l'angl. *Paris, an IX*,
in-12, fig., dem.-rel. vél. bl., tr. supér. dor. (*Taché*).

1577. — Viscellina ou le Mamelouk français, par
Rougeron. *Paris*, 1801, 2 tom. en un vol. in-18,
fig. de Binet, dem.-rel. mar. r., tr. dor. — Le petit Sancho, roman narcotique. *Paris*, 1801, 2 tom.
en un vol. in-12, front. gravé, dem.-rel. vél. bl.,
tr. supér. dor. (*Taché*).

1578. — Constantia Neville ou la jeune Américaine,
trad. de l'angl. d'Hélène Wells, par Baillio. *Paris*,
1801, 5 vol. in-12, fig., dem.-rel. vél. bl., tr. sup.
dor., non rogn.

1579. — Le Presbytère ou les illustres persécutées pendant la Révolution, par Mme C. D. V... *Paris*, 1801, 2 vol. in-12, fig., dem.-rel. vél. bl., tr. sup. dor., non rogn.

1580. — L'homme singulier ou Emile dans le monde, par Aug. Lafontaine, trad. par Breton et J. Frieswinkel. *Paris*, 1801, 2 vol. in-12, fig. de Monsiau, dem.-rel. vél. bl., tr. sup. dor., non rogn. — Bridgetina ou les philosophes modernes, trad. de l'anglais. *Paris*, 1802, 4 vol. in-12, fig., dem.-rel. mar. r., tr. supér. dor. (*Taché*).

1581. — Emilie de Tourville ou mes sept années de persécution, hist. véritable. *Paris*, 1802, 2 tom. en un vol. in-12, fig. de Huot, dem.-rel. vél. bl., tr. sup. dor., non rogn. — Arman et Rosalie ou la fidélité, les infortunes et tourments de trois amis sensibles et généreux. *Paris*, s. d., in-18, fig., dem.-rel. mar. r., tr. dor.

1582. — La courtisane amoureuse et vierge ou mémoires de Lucrèce, écrits par elle-même, par Lesuire. *Paris*, 1802, 2 vol. in-12, fig., dem.-rel. mar. brun, tr. dor.

1583. — Mémoires de Séraphine ou les jeux de la fortune et de l'amour. *Paris*, 1802, 3 vol. in-12, dem.-rel. vél. bl. — La Roulette, par Lablée. *Paris*, 1802, in-12, fig., dem.-rel. vél. bl., tr. supér. dor.

1584. — Florentine ou la victime du libertinage. *Paris*, 1802, 2 tom. en un vol. in-18, fig., dem.-rel. mar. r., tr. dor. — Armand ou les tourments de l'imagination et de l'amour, trad. du provençal. *Paris*, 1802, in-12, fig., cart. à la Brad., non rogn.

1585. — M. Ménard ou l'homme comme il y en a peu, par Mme de Lagrave. *Paris, an IX* (1802), 2 vol. in-12, fig., dem.-rel. mar. grenat, tr. dor.

1586. — Les Posthumes, lettres reçues après la mort du mari, par sa femme que l'on croit à Florence, par feu Cazotte (Restif de la Bretonne). *Paris,* 1802, 4 vol. in-12, br.

1587. — Sylvestre ou mémoires d'un centenaire, de 1675 à 1786, par Demaimieux. *Paris,* 1802, 4 vol. in-12, dem.-rel. vél. bl., tr. sup. dor. — L'homme sorti du sépulcre, histoire dont la jalousie et la cabale ont étouffé la publicité en 1750, par Taboureau de Montigny. *Paris,* 1802, in-12, fig., dem.-rel. vél. bl., tr. supér. dor. (*Mouillure*).

1588. — Madame de M*** ou la rentière. *Paris,* 1802, 5 vol. in-12, dem.-rel. toile angl., tr. marbr. — Victor de Martigues ou suite de la rentière. *Paris,* 1804, 4 vol. in-12, dem.-rel. vél. bl., tr. supér. dor.

1589. — Aménaïde ou les martyrs de la foi, roman historique, par L. Ponct. *Paris,* 1802, 2 vol. in-12, dem.-rel. mar. viol. — Le prêtre, par un docteur de Sorbonne. *Paris, an IX* (1802), in-12, dem.-rel. vél. bl., tête dor.

1590. — La famille des menteurs, ouvr. véridique, orné de gravures. *Paris,* 1802, in-8, dem.-rel. mar. rouge, tête dor. — Les aventures de Jésus Cadet, par lui. *Paris,* 1802, in-12, fig., cart. — Zirphé ou mémoires d'une chienne, rédig. par elle-même. *Paris,* 1802, in-12, fig., dem.-rel. bas.

1591. — Dix titres pour un : les effets du fatalisme, les erreurs de la justice, les abus de l'autorité, etc., par H. A. K** S. (Caphaisse). *Paris,* 1802, 2 vol. in-8, fig., dem.-rel. vél. bl., tête dorée.

1592. — L'erreur reconnue ou les aventures d'un jeune français dans ses voyages à Rome, à Madrid et à Constantinople. *Paris,* 1793, 1 vol. — Le proscrit ou la sœur équivoque. *Paris,* 1802, 1 vol. — Ens. 2 ouvr. en un vol. in-12, dem.-rel. mar. r., tr. dor.

1593. — Thaïra et Fernando ou les amours d'une Péruvienne et d'un Espagnol, par Gallet. *Paris,*

1802, in-12, fig., dem.-rel. vél. bl., tr. sup. dorée.
— Clémence, roman moral, par Ant. Legroing-Lamaisonneuve. *Paris*, 1802, 3 vol. in-8, fig., dem.-rel. vél. bl., tête dor.

1594. — Hélène et Robert ou les deux pères, par Mme Guénard. *Paris*, 1802, 2 tom. en un vol. in-12, fig., dem.-rel. vél. bl.

1595. — Le danger de l'enthousiasme ou les illusions de la vie. *Paris*, 1802, 2 tom. en un vol. in-12, fig. de Bornet, dem.-rel., mar. v., tr. dor. — Rose et noir, par Ladoucette. *Paris*, 1802, in-12, fig., dem.-rel. v. br.

1596. — L'enfant du crime et du hasard ou les erreurs de l'opinion, mémorial histor. d'un homme retiré du monde, rédigé sur ses manuscrits. *Paris*, 1803, 4 vol. in-12, fig., dem.-rel., mar. r., tr. dor.

1597. — Le mari sentimental ou le mari comme il y en a quelques-uns. *Genève*, 1803, in-12, dem.-rel. bas. — Le roman pris par la queue, par un officier de dragons. *Paris*, 1803, 2 tom. en un vol. in-12, fig., dem.-rel. mar. r., tr. dor. — Zelmour et Azeline ou les peines d'amour. *Paris*, *s. d.*, in-18, fig., dem.-rel. mar. r., tr. dor.

1598. — Pulchérie ou l'assassinat supposé, par Bette d'Etienville. *Paris*, 1803, 2 vol. in-12, dem.-rel. vél. bl., tr. sup. dor. — Spinalba ou les révélations de la Rose-Croix, par Regnault-Warin. *Paris*, 1803, 4 vol. in-12, dem.-rel. vél. bl., tr. supér. dor., non rogn. — Léop. de Circé ou les effets de l'athéisme, par de St-Venant. *Paris*, 1803, 2 tom. en 1 vol. in-12, fig., dem.-rel. mar. r., tr. dor.

1599. — Adelina ou l'innocence persécutée, trad. de l'anglais, par Ch**. *Paris*, *s. d.* (*vers* 1803), 2 tom. en un vol. in-12, fig. de Bornet, dem.-rel., vél. bl.— Amour et religion, histoire morale, par J. Lablée. *Paris*, 1803, 2 vol. in-12, dem.-rel. vél. bl., tête dorée.

1600. — Madame Botte ou les aventures d'Augustina, par Dorvigny. *Paris*, 1803, 4 vol. in-12, fig., dem.-rel. vél. bl., tr. sup. dor. — Madame Botte, par Piquant-Lenoir. *Paris*, 1803, 2 tom, en 1 vol. in-12, fig., dem.-rel. vél. bl., tr. supér. dor. — L'enfant du Carême, par Fléché et Bernard. *Paris*, 1803, 2 tom. en 1 vol. in-12, dem.-rel. mar. r., tr. dor.

1601. — Félix ou le jeune amant et le vieux libertin, suivi de l'assassin par amour. *Paris*, 1803, in-12, fig., dem.-rel. mar. Lavall., tr. dor. — Betzi ou l'amour comme il est, roman qui n'en est pas un. *Paris*, 1803, in-18, dem.-rel. mar. r., tr. dor.

1602. — Histoire d'un poignard français, anecdote de la Révolution. *Paris*, 1803, 2 vol. in-12, fig., dem.-rel. mar. r., tr. dor. (*Taché*). — Odisco et Félicie ou la colonie des Florides, par F. Vernes. *Paris*, 1803, 2 vol. in-12, fig., dem.-rel. vél. bl. — L'enfer sur terre, trad. de l'allem. de Gruber par C. G. D. *Paris*, 1803, 2 tom. en 1 vol. in-12, fig., dem.-rel. mar. r., tr. dor.

1603. — Le Dominicain ou les crimes de l'intolérance et les effets du célibat religieux, par Toulotte. *Paris*, 1803, 4 tom. en 2 vol. in-12, front. grav., dem.-rel. mar. vert, tr. dor. (*Tachés*). — Flore ou la vertu aux prises avec le crime et le malheur. *Paris*, 1803, 2 vol. in-12, dem.-rel. mar. r., tr. dor.

1604. — L'homme du jour ou l'honnête homme selon le monde, par Nougaret. *Paris*, 1803, 2 vol. in-12, fig., dem.-rel. vél. blanc, tr. sup. dor. — Fedaretta, trad. de l'angl. par Mme de G**. *Paris*, 1804, 2 tom. en un vol., fig. de Miris, grav. par Baquoy, dem.-rel. mar. r., tr. dor. — Aurélien et Astérie ou les malheurs du préjugé, aventure coloniale, par Berquin-Duvallon. *Paris*, 1804, in-12, fig., dem.-rel. vél. bl.

1605. — Edouard de Berville ou les aventures d'un

étourdi. *Paris*, 1804, 5 vol. in-12, fig., dem.-vél. bl., tête dor.

1606. — Le fils d'adoption ou amour et coquetterie, trad. de l'all. d'Aug. Lafontaine par Mme de Montolieu. *Paris, an XII*, 3 vol. in-12, dem.-rel. bas. — Le petit Charles, aventures du neveu de mon oncle. *Paris*, 1804, 2 tom. en un vol. in-12, fig., dem.-rel. vél. bl.

1607. — Isaure et Dorigny ou la religieuse d'Alençon, histoire véritable, par Mme L. V***. *Paris*, 1804, 2 vol. in-12, fig., dem.-rel. vél., tr. sup. dor.

1608. — Mémoires secrets de la duchesse de Portsmouth, publ. av. des notes histor. (par Lacombe). *Paris*, 1805, 2 tom. en un vol. in-12, dem.-rel. vél., tr. sup. dor.

1609. — Les Arabesques ou pèlerinages à la fontaine de Jouvence. *Paris*, 1805, 2 vol. in-12, dem.-rel. vél. bl., tr. sup. dor. — La Roche du Diable, par Legay. *Paris*, 1805, 5 tom. en 2 vol. in-12, v.— Vie et aventures d'Alphonse de Vilmas. *Paris*, 1806, in-12, dem.-rel. vél. bl., tr. supér. dor., non rogn.

1610. — Le souterrain ou les deux sœurs (par Mme Herbster). *Londres*, 1806, in-12, dem.-rel. vél. bl., tr. sup. dor. — Mélanie de Rostange, par Mme Armande R**. *Paris*, 1806, 3 vol. in-12, dem.-rel. vél. bl., tr. supér. dor.

1611. — Zéphira et Fidgella ou les débutantes dans le monde, par Mme Illyrine de Morenci. *Paris*, 1806, 3 vol. in-12, portr. gravé, dem.-rel. vél. bl., tr. sup. dor. — Les dangers de la prévention, roman anecdotique, par Mme Gacon-Dufour. *Paris*, 1806, 2 tom. en un vol. in-12, dem.-rel. vél. bl., tr. supér. dor.

1612.— Heur et malheur ou trois mois de la vie d'un fol et de celle d'un sage, roman français, suivi de deux soirées historiques. *Paris*, 1806, 2 vol. in-12, dem.-rel. percal. — Salut à MM. les maris ou Rose et d'Orsinval. *Paris*, 1806, in-12, dem.-rel. vél. bl., tr. supér. dor.

1613. — Cécile Frizler ou l'enfant du champ de bataille, par Mme de St-Venant. *Paris*, 1807, 2 tom. en un vol. in-12, fig., dem.-rel. vél. bl. — Folie et jeunesse ou aventures d'un jeune militaire. *Paris*, 1808, 2 vol. in-12, fig., dem.-rel. mar. r., tr. dor. (*Cachet de biblioth. sur le titre*).

1614. — L'épouse soupçonnée ou le procès scandaleux, par Mme Fleury. *Paris*, 1808, 3 vol. in-12, dem.-rel. mar. r., tr. dor.

1615. — Histoire des amours de Louis XIV, roi de France, par de Boissi. *Paris*, 1808, 5 vol. in-12, portraits, bas. marbr., fil. (*Tachés*).

1616. — Les jeux, caprices et bizarreries de la nature. *Paris*, 1808, 3 vol. in-12, dem.-rel. vél. bl., tr. sup. dor. — Elisa ou les trois chasseurs. *Paris*, 1808, 2 tom. en 1 vol. in-12, dem.-rel. mar. r., tr. dor.

1617. — La diligence philosophique ou le moraliste champenois, par Thomassin de Montbel. *Paris*, 1808, 2 tom. en un vol. in-18, dem.-rel. vél. bl., tr. sup. dor. — La femme à projets ou l'abus de l'esprit et des talents, par Dorvigny. *Paris*, 1808, 4 tom. en 2 vol. in-12, dem.-rel. vél. bl.

1618. — Histoire de quatre pensionnaires du couvent de ***, précéd. de lettres sur la Russie, par la Ve de B**. *Paris*, 1808, 2 vol. in-12, dem.-vél. blanc, tête dor. — Le Chartreux rentré dans le monde ou les deux frères. *Paris*, 1809, in-12, fig., dem.-rel. mar. Lavall., tr. dor. (*Mouilluré*).

1619. — Voyage de vingt-quatre heures, par Kératry. *Paris*, 1808, in-12, 3 fig. grav. par Baquoy, dem.-rel. mar. r., tr. supér. dor. — Athaella ou voyage d'un jeune français en Afrique, par Mme Fleury. *Paris*, 1809, 2 vol. in-12, fig., dem.-rel.vél.

bl., tr. sup. dor. — L'Etourdi en voyage. *Paris*, 1809, 4 vol. in-12, fig., dem.-rel. vél. bl., tête dor.

1620. — Les deux borgnes ou lady Justina Dunbar, par Mme Bournon-Malarmé. *Paris*, 1809, 3 vol. in-12, dem.-rel. vél. bl., tr. sup. dor, non rogn. — Entre chien et loup, par Mme **. *Paris*, 1809, 2 vol. in-12, dem.-rel. vél. bl., tête dor.

1621. — L'enfant de l'amour, par l'auteur du Marchand forain. *Paris*, 1809, 4 vol. in-12, dem.-rel.

1622. — Qui ne s'y serait trompé ? ou Lady Armina, par Charlotte Bournon-Malarmé. *Paris* , 1810, 3 vol. in-12, dem.-rel. percal.— Hélène Aldenar ou le bigame, par Charl. Bournon-Malarmé. *Paris*, 1812, 4 vol. in-12, dem.-rel. perc.

1623. — Mon oncle Rigobert ou l'homme résolu, par Demontivilliers. *Paris*, 1810, 2 tomes en 1 vol. in-12, dem.-rel. vél. bl. (*Légères taches*). — Lorimon ou l'homme tel qu'il est, publ. par B. d'Armand. *Paris, s. d.* (*vers* 1810), 3 tom. en 2 vol. in-12, avec 6 fig., dem.-rel. mar. r., tr. dor. — M. Gelin ou les effets de l'envie et de la médisance. *Paris*, 1810, 2 tom. en 1 vol. in-12, fig., dem.-rel. mar. viol., tr. dor.

1624. — Iolanda Fitzalton ou les malheurs d'une jeune irlandaise. *Paris*, 1810, 3 vol. in-12, dem.-rel. vél. bl., tr. sup. dor. — L'innocence et le crime. *Paris*, 1810, 3 vol. in-12, dem.-rel. vél. bl., tr. supér. dor. (*Tachés*).

1625. — Séverine, par Mme d'Hautpoul. *Paris*, 1810, 6 part. en 3 vol. in-12, dem.-rel. vél. bl.

1626. — Le vallon aérien ou relation du voyage d'un aéronaute dans un pays inconnu jusqu'à présent, suiv. de l'hist. de ses habitans et de la descript. de leurs mœurs, par Mosneron. *Paris*, 1810, in-12, dem.-rel. vél. blanc, tr. sup. dor.

1627. — Le dernier homme, ouvrage posthume, par

de Grainville, publ. par Ch. Nodier. *Paris*, 1811,
2 vol. in-12, dem.-rel. vél. bl., tr. sup. dor.

1628. — Trois mois de ma vie ou l'histoire de ma famille, par Dumaniant. *Paris*, 1811, 3 vol. in-12,
dem.-rel. vél. bl., tr. sup. dor.

1629. — Nathalie et Zulmée ou les caractères oppo-
sés, par M. L... *Paris*, 1812, 2 vol. in-12, titres
grav., dem.-rel. vél. bl., tr. sup. dor. — La femme
auteur ou les inconvéniens de la célébrité, par
Mme Dufrenoy. *Parts*, 1812, 2 tom. en un vol. in-
12, dem.-rel. vél. bl., tête dor.

1630. — Aventine de Mercœur ou le secret impéné-
trable, par De Faverolle. *Paris*, 1812, 2 tom. en
1 vol. in-12, dem.-rel. mar. r , tr. dor.

1631. — La marquise de Ganges. *Paris*, 1813, 2 vol.
in-12, dem.-rel. vél. bl., tr. sup. dorées.

1632. — Maria Dorville ou le séducteur vertueux,
trad. de l'angl. de Holford. *Paris*, 1813, 4 vol. in-
12, dem.-rel. vél. bl., tr. sup. dor. — Tableaux de
société ou Fanchette et Honorine, par Pigault-
Lebrun. *Paris*, 1813, 4 tom. en 2 vol. in-12, dem.-
rel. bas.

1633. — Dix journées de la vie d'Alph. Van Worden.
Paris, 1814, 3 tom. en un vol. in-12, dem.-rel. mar.
r., tr. dor.

On lit au verso du titre la note suivante relative au volume : « Ce
roman est celui qui, reproduit dans la Presse, sous le titre du *Val fu-
neste*, donna lieu à un procès qui fit du bruit. Il a été attribué à Charles
Nodier. G. Brunet. »

1634. — Aurélie ou le bigame, par Mme D***. *Paris*,
1814, 2 vol. in-12, dem.-rel. toile. — Les trois mè-
res et leurs filles ou la vanité des systèmes, par
Legay. *Paris, s. d. (vers* 1815), 2 vol. in-12, dem.-
rel. vél. bl., tr. supér. dor.

1635. — Adélaïde ou le faux ami, lettres originales
écrites dans le xviiie siècle, mises au jour par J.-B.
Nougaret. *Paris*, 1815, 4 vol. in-12, dem.-rel. percal.

1636. — Folie et raison (par Brissot de Warville). *Paris*, 1815, 2 vol. in-12, fig., dem.-rel. mar. vert, tr. dor. — Théagène, par Mlle G** (Gallien). *Paris*, 1815, in-12, dem.-rel. toile.

1637. — Marcelin ou bon cœur et mauvaise tête, par Quesné. *Paris*, 1815, 2 vol. in-12, fig., dem.-rel. vél. bl., tr. sup. dor.

1638. — L'hermite de la tombe mystérieuse ou le fantôme du vieux château, par Anne Radcliffe, trad. par de Langon. *Paris*, 1816, 2 tomes en un vol. in-12, fig., bas. rac.

1639. — Séraphine ou le républicain royaliste, par J. Rougemaître. *Paris*, 1816, 2 vol. in-18, fig., dem.-rel. v. grenat, tr. dor.

1640. — La famille Vanpol ou les effets de la démoralisation, par Letournel. *Paris*, 1816, 3 vol. in-12, dem.-rel. vél. bl., tête dor.— Edelmone et Lorédan ou l'orange de Malte, par Paccard. *Paris*, 1817, 2 tom. en un vol. in-12, dem.-rel. perc., tr. marbr.

1641. — L'Orphelin aux prises avec le crime, par Ch. Doris, de Bourges. *Paris*, 1817, 3 vol. in-12, dem.-rel. mar., tr. dor.

1642. — Clementina ou le sigisbéisme, par Durdent. *Paris*, 1818, 2 vol. in-12, dem.-rel. vél. bl., tr. sup. dor.

1643. — Les veillées d'une captive. *Paris*, 1818, 2 vol. in-12, fig., dem.-rel. vél. bl., tr. sup. dor. (*Tachés*). — La petite musicienne, par Et. Gosse. *Paris*, 1819, 3 vol. in-12, dem.-rel. vél. bl., dor. en tête.

1644. — Antar, roman Bédouin, trad. de l'arabe, par Terric-Hamilton. *Paris*, 1819, 3 vol. in-12, fig., dem.-rel. vél. bl., tr. sup. dor.

1645. — La sœur grise ou les mémoires de Mme de Canès, par de Faverolles. *Paris*, 1819, 3 vol. in-12, dem.-rel. vél. bl., tr. sup. dor.

1646. — Le protégé de Joséphine de Beauharnais, par le baron de B**. *Paris*, 1820, 2 vol. in-12, fig., dem.-rel. vél. bl., tête dor. — Le Régicide. *Paris*, 1820, in-12, dem.-rel. vél. bl., tr. supér. dor.

1647. — Mémoires secrets et aventures du vic. de Barras, ses amours avec Mmes Beauharnais, Talien, etc., sa déchéance lors du retour de Napoléon, par le baron de B***. *Paris, s. d.*, 3 vol. in-12, cart. toile angl.

1648. — Edmont et Juliette ou les amans somnambules, par Mlle Vanhove.*Paris*, 1820, 2 tom. en un vol., fig., dem.-rel. mar. r., tr. dor. (*Taché*). — Stella ou les Proscrits. *Paris*, 1820, in-12, dem.-rel. vél. bl., tr. supér. dor.

1649. — Lord Ruthwen ou les Vampires, publ. par l'auteur de Jean Sbogar (Ch. Nodier). *Paris*, 1820, 2 tomes en un vol. in-12, cart., non rogn. — Promenade de Dieppe aux montagnes d'Ecosse, par Ch. Nodier. *Paris*, 1821, in-12, avec cartes et fig. coloriées, br.

1650. — Pauline ou les hasards des voyages, par M***. *Paris*, 1821, 4 vol. in-12, dem.-rel. vél. bl., tr. sup. dorée. — Melmoth ou l'homme errant, par Mathurin, trad. de l'angl. par J. Cohen. *Paris*, 1821, 6 vol. in-12, dem.-rel. vél. bl., tr. sup. dor.

1651. — Les nouvelles vierges ou la nuit aux aventures. *Paris*, 1821, in-18, fig., dem.-rel. mar. r., tr. dor.

1652. — La fenêtre du grenier de mon oncle, par Lewis, trad. de l'angl. par B. Laroche. *Paris*,1821, in-12, dem.-rel. vél. bl., tr. sup. dor.—La duchesse Anne ou les souterrains de Raoul II. *Paris*, 1821, 2 vol. in-12, dem.-rel. perc., non rogn.

1653. — Jeanne d'Arc ou l'héroïne française, par Mme Gottis. *Paris*, 1822, 4 vol. in-12, fig. et portr. grav. d'après Chasselat, dem.-rel. vél. bl., tr. sup. dor.

1654. — Alexandrine de Blérancourt ou les dangers de l'inconséquence, par Mad. Anna d'Or... *Paris*, 1822, 2 vol. in-8, fig., dem.-rel. vél. bl., tête dor.— L'Ecarté ou aventures d'une joueuse, par Lablée. *Paris*, 1822, 2 vol. in-12, dem.-rel. vél. bl., tr. supér. dor.

1655. — Léonce ou le frère de la doctrine chrétienne. *Paris*, 1822, 3 vol. in-8, fig., dem.-rel. vél. bl., tête dor. — L'enfant du Jésuite, par Ch. Laumier. *Paris*, 1822, 2 vol. in-12, dem.-rel. vél. bl., tête dor. *(Le titre manque au 1er vol.)*.

1656. — Le Centenaire ou les deux Beringheld, publ. par Horace de St-Aubin (pseudonyme d'Honoré de Balzac). *Paris*, 1822, 4 vol. in-12, avec une fig. au lavis, dem.-rel. vél. bl., tr. sup. dor. — Wann-Chlore, par H. de St-Aubin (H. de Balzac). *Paris*, 1825, 4 vol. in-12, dem.-rel. vél. bl., tr. supér. dor.
Premiers romans d'H. de Balzac.

1657. — Eugène et Eugénie ou la méprise conjugale, hist. de deux enfants d'une nuit d'erreur et de leurs parents, par Desforges. *Paris*, 1822, 4 vol. in-12, fig. de Monnet, dem.-rel. mar. r., tr. dor. *(Tachés)*.

1658. — L'anonyme ou ni père ni mère, par de Vieillerglé St-Alme. *Paris*, 1823, 3 vol. in-12, dem.-rel. vél. bl., tête dor.

1659. — Le Pâtre des montagnes noires, roman histor., imité de l'espagn., par Gilbert. *Paris*, 1823, 3 tom. en 2 vol. in-12, dem.-rel. bas. viol. — L'ermite et le revenant, par Le Gay. *Paris*, 1823, 2 tom. en un vol. in-12, dem.-rel. vél. bl. — Philippe et Laure ou hist. de Ph. Harris et de L. de Richepanse. *Paris*, 1823, 4 tom. en 2 vol. in-12, dem.-rel. vél. bl. dor. en tête.

1660. — La nouvelle Ourika ou les avantages de l'éducation, par Mme Dudon. *Paris*, 1824, 2 tom. en un vol. in-12, fig., dem.-rel. mar. r., tr. dor. — La mère frivole, par Mad. de Joüye Desroches. *Paris*, 1824, 3 vol. in-12, fig., dem.-rel. perc.

1661. — Mémoires d'un jeune prêtre, recueill. et publ. par un laïque. *Paris*, 1824, in-12, dem.-rel. vél. bl., tr. sup. dor. — Islaor ou le barde chrétien, nouvelle gauloise, par de Salvandy. *Paris*, 1824, in-12, dem.-rel. vél. bl., tr. sup. dor.

1662. — Islaor ou le barde chrétien, nouvelle gauloise, par De Salvandy. *Paris*, 1824, in-12, br.

1663. — Adolphe ou mémoires d'un illuminé, écrits par sa femme, par Mme la Csse de Flesselles. *Paris*, 1824, 3 vol. in-12, dem.-rel. percal.

1664. — Waverley, Quentin Durward, par Walter Scott, traduct. de L. Bailleul. *Paris*, 1867, 2 vol. in-8, br.

1665. — Le bourreau de Drontheim ou la nuit du 13 déc., trad. de l'allem., avec un appendice, par Collin de Plancy. *Paris*, 1825, 2 tom. en un vol. in-12, fig., v. gran., fil.

1666. — Octavie ou la maîtresse d'un prince. *Paris*, 1825, 2 vol. in-12, dem.-rel. vél. bl., tr. sup. dor. — Les trois écueils des femmes, roman. *Paris*, 1825, 4 vol. in-12, dem.-rel. vél. bl.

1667. — La Thébaïde ou le diable ermite, par de Boissy. *Paris*, 1825, 3 vol. in-12, dem.-rel. vél.bl., tr. sup. dor. (*Quelques taches*). — Le Tartufe moderne, par Mortonval. *Paris*, 1825, 3 vol. in-12, dem.-rel. vél. bl., tr. supér. dor. — Le Capucin, anecdote historique, par A. J. Hingant. *Paris*, 1826, in-12, dem.-rel. vél. bl.

1668. — L'assassinat d'un Roi, roman historique, par P. Lacroix. *Paris*, 1825, 2 vol. in-12, br.

1669. — Rienzi et les Colonna ou Rome au xive siècle, roman historique. *Paris*, 1826, 5 vol. in-12, avec une fig. de Devéria, dem.-rel. vél. bl., tr. sup. dor.

1670. — Frédér. Styndall ou la fatale année, par Kératry. *Paris*, 1828, 5 vol. in-12, dem.-rel. vél. bl., tr. sup. dor.

1671. — Le Chancelier et les censeurs, roman de mœurs, par de Lamothe-Langon. *Paris*, 1828, 5 vol. in-12, dem.-rel. vél. bl.

1672. — Irène, épisode de la retraite de Moscou, par de Permon. *Paris*, 1828, 2 vol. in-12, dem. rel. vél. bl., tr. sup. dor. — Encore un Gil-Blas ou les innombrables tribulations d'un fils unique, nouvelle anecdotique, véridique et parfois critique. *Rennes*, 1829, in-12, dem.-rel. vél. bl., tr. supér. dor.

1673. — Quanquans de petite ville, par Mᵐᵉ Frédégonde. *Paris*, 1829, 2 vol. in-12, avec une gr. figure, dem.-rel. vél., tr. sup. dor.

1674. — Mémoires secrets et inédits sur les cours de France aux xvᵉ, xvıᵉ, xvıııᵉ et xvıııᵉ siècles. Mémoires du cardin. Dubois (par Paul Lacroix). *Paris*, 1829, 4 vol. in-8, br.

1675. — Mémoires de Gabrielle d'Estrées (par P. Lacroix). *Paris*, 1829, 4 vol. in-8, dem.-rel.

1676. — Guy-Eder ou la ligue en Basse-Bretagne, par H. Bonnelier. *Paris*, 1830, 3 vol. in-12, dem.-rel. vél. bl., tr. sup. dor.

1677. — L'Elève de l'Ecole polytechnique ou la Révolution de 1830, par Hippolyte W***. *Paris*, 1830, 3 vol. in-12, fig., dem.-rel. vél. bl., tr. sup. dor.

1678. — L'Idée fixe (par Vatout). *Paris*, 1830, 2 vol. in-8, cart.

1679. — Les deux fous, histoire du temps de François Iᵉʳ, 1524, par P. L. Jacob (Paul Lacroix). *Paris*, 1830, in-8, dem.-rel., v. f.

1680. — La sage-femme, roman de mœurs, par Ricard. *Paris*, 1830, 4 vol. in-12, dem.-rel. toile lustrée.

1681. — Julien ou le forçat libéré, par Ricard. *Paris*, 1830, 4 vol. in-12, dem.-rel. v. f.

1682. — Barnave, par Jules Janin. *Paris*, 1831, 4 vol. in-12, dem.-rel. vél. bl., tête dor.

1683. — Le Mutilé, par X. B. Saintine. *Paris*, 1832, vignette sur bois par Tony Johannot, 1 vol. — La Vieille Fronde (1648), par Henri Martin. *Paris*, 1832, vignette sur bois par T. Johannot, 1 vol. — Ens. 2 vol. in-8, dem.-rel.

1684. — Mœurs du moyen-âge. Job ou les pastoureaux, 1251. — Audefroi-le-Bâtard, 1272, par Francisque Michel. *Paris*, 1832, in-8, dem.-rel., non rogn.

1685. — Pierre, par A. G. de Mériclet. *Paris*, 1832, 2 tom. en un vol. in-12, dem.-rel. vél. blanc, tr. sup. dor.

1686. — Le trapiste d'Aiguebelle, par Ch. H. d'Ambel. *Paris*, 1832, in-12, vign. de Forest sur le titre, dem.-rel. bas. — Deux mois de sacerdoce, par A. Labutte. *Paris*, 1832, in-12, dem.-rel. vél. bl., tr. supér. dor. (*Envoi d'auteur à P. Lacroix*).

1687. — Tableaux de mœurs, par Mme S. Dupuis. *Paris*, 1832, 2 vol. in-12, fig., dem.-rel. vél. bl., tr. sup. dor. — Une mosaïque, par Mme Adèle Daminois. *Paris*, 1832, 2 vol. in-12, fig., dem.-rel. vél. bl., tr. supér. dor.

1688. — Chroniques Franc-Comtoises. La tour de Damelay, par Mad. Tercy. *Paris*, 1832, 2 vol. in-8, cart., dem.-toile.

1689. — La Résurrection, par Raban, avec préface et post-face. *Paris*, 1832, 4 vol. in-12, dem.-rel. vél. bl., tr. sup. dorées. (*Cachet de cabin. de lecture sur les titres*). — La Baronne et le bandit, par Raban. *Paris*, 1833, 4 vol. in-12, br.

1690. — Angélique ou l'anneau nuptial, nouv. Polonaise, épisode de la dern. Révolution, par Ad.

comte de Krosnowski. *Paris*, 1833, in-12, fig. sur chine de J. Arago, dem.-rel. vél., tr. sup. dor.

Envoi signé de l'auteur sur la couverture imprimée.

1691. — Corps sans âme, par Jules Lacroix. *Paris*, 1834, 2 vol. in-8, cart. (*Quelques taches*).

1692. — Les Hégésiaques, par Adrien Paul, un des petits enfants du bibliophile Jacob. *Paris*, 1834, in-8, cart., dos de toile.

1693. — Han-Wen le lettré, par Jules Janin. *Paris*, 1834, in-12, v. — Le fils du Rajah, par Jules Janin. *Strasbourg*, 1834, in-12, v.

1694. — La Bédouine, par Poujoulat. *Paris*, 1835, 2 vol. in-12, avec 2 eaux-fortes de Célest. Nanteuil, dem-rel. percal.

1695. — Nostradamus, par Hipp. Bonnelier, orné de deux gravures à l'eau-forte de Boisselat. *Paris*, 1833, 2 vol. in-8, dem.-rel.

1696. — Une fleur à vendre, par Jules Lacroix. *Paris*, 1835, 2 vol. in-8, dem.-rel. v.

Cachets sur les titres.

1697. — Mémoires authentiques d'une sage-femme, par Mme Jullemier. *Paris*, 1835, 2 vol. in-8, br.

1698. — Celui qu'on aime, par Ricard. *Paris*, 1835, 4 vol. in-12, br.

1699. — Médianoches, par Paul L. Jacob (P. Lacroix). *Paris*, 1835, 2 vol. in-8, dem.-rel.

1700. — Une femme malheureuse, fille-femme, par Paul L. Jacob (P. Lacroix). *Paris*, 1836, 2 vol. in-8, cart., n. rog.

1701. — Pignerol, histoire du temps de Louis XIV, 1680, par P. L. Jacob (Paul Lacroix). *Paris*, 1836, 2 vol. in-8, dem.-rel. v. f.

1702. — La folle d'Orléans, histoire du temps de Louis XIV, par P. L. Jacob (P. Lacroix). *Paris*, 1836, 2 vol. in-8, cart., non rog.

1703. — Convalescence du vieux conteur, par P. L. Jacob (P. Lacroix). *Paris, s. d.*, pet. in-12, cart.

1704. — Mystères et fantaisies, par Félix Davin (auteur du Crapaud). *Paris*, 1836, in-12, avec un portrait, br., couv. impr.

    Envoi à Paul Lacroix de la part de Mme Ve Louise Davin.

1705. — Deux femmes, par Louise de Constant, avec une préface de Ch. Nodier. *Paris*, 1836, in-8, cart., non rogné. — Les femmes, Keepsake. *Paris, L. Janet, s. d.*, in-8, fig., cart.

1706. — L'excommunié, roman posthume (entièrement inédit, par Horace de St-Aubin (pseudonyme d'Honoré de Balzac). *Paris*, 1837, 2 vol. in-8, br.

1707. — De près et de loin, roman conjugal, par Paul L. Jacob (P. Lacroix). *Paris*, 1837, 2 vol. in-8, br.

1708. — Amélie ou mes dernières illusions, par Volney L'hotelier. *Paris*, 1837, 2 tom. en 1 vol. in-8, texte encadré et vignettes, bas. viol., fil., tr. dor.

1709. — Tonadillas ou historiettes en action, par E. Scribe. *Paris*, 1838, 2 vol. in-8, br.

1710. — Mon grand fauteuil, par P. L. Jacob (P. Lacroix). *Paris*, 1836, 2 vol. in-8, dem.-rel. bas.

    Manque le titre du Tome Ier.

1711. — Les aventures du grand Balzac, histoire comique du temps de Louis XIII, par P. L. Jacob (P. Lacroix). *Paris*, 1838, 2 vol. in-8, cart., non rog.

1712. — La sœur du Maugrabin, histoire du temps d'Henri IV, 1606, par Paul L. Jacob (P. Lacroix). *Paris*, 1838, 2 vol. in-8, cart., non rog.

1713. — Une carpe dans un baquet, par Amédée de Bast. *Paris*, 1838, 4 vol. in-12, dem.-rel. percal., non rog.

1714. — Eugène, par Emile Barrault. *Paris*, 1839, 2 vol. in-8, br.

1715. — Amante et mère, par P. L. Jacob (Paul Lacroix). *Paris*, 1839, 2 vol. in-8, br.

1716. — La chambre des poisons, histoire du temps de Louis XIV (1712), par Paul L. Jacob (P. Lacroix). *Paris*, 1839, 2 vol. in-8, dem.-rel. maroq. La Vall., dorés en tête, non rogn.

  Exempl. sur PAPIER VERT.

1717. — La marquise de Chatillard, par P. L. Jacob (P. Lacroix). *Paris*, 1839, 2 vol. in-8, br.

1718. — Le marchand du Hâvre, par P. L. Jacob (P. Lacroix). *Paris*, 1839, in-8, br.

1719. — Le neveu d'un lord, par Jules Lacroix. *Paris*, 1839, 2 vol. in-8, dem.-rel. bas.

1720. — Blaise Léveillé ou le magister amoureux, par Mars et Raban. *Paris*, 1839, 3 vol. in-12, dem.-rel. percal., non rogn. — M. Mayeux, par Aug. Ricard. *Paris, s. d.*, 4 vol. in-12, cart.

1721. — Histoire de l'homme au Masque de fer, par Paul L. (Lacroix), Jacob, bibliophile. *Paris, Delloye*, 1840, in-12, dem.-rel.

1722. — L'enfant du mystère, par Arsène de Cey. *Paris*, 1840, 4 tom. en 2 vol. in-12, dem.-rel. vél. bl., tr. sup. dor.

1723. — Fragoletta, par H. de Latouche. Naples et Paris, en 1799. *Paris*, 1840, 2 vol. in-12, fig., dem.-rel. perc. — Le bouquet de violettes (par T. Grille). *Angers*, 1840, in-8, cart.

1724. — Le fils du notaire, par Paul L. Jacob (P. Lacroix). *Paris*, 1844, in-8, cart., non rog.

1725. — Une bonne fortune de Racine, histoire du temps de Louis XIV, par Paul L. Jacob (P. Lacroix). *Paris, s. d*, in-8, dem.-rel.

1726. — Esquisses de la vie d'artiste, par P. Smith. *Paris*, 1844, 2 vol. in-8, dem.-rel. v. viol. — Une couronne en songe, par le fils d'un Girondin. *Paris*, 1843, in-8, fig., dem.-rel.

1727. — Histoire d'une grande dame, par J. Lacroix. *Paris*, 1848, 2 vol. in-8, dem.-rel. bas.

1728. — Confession générale, par Frédéric Soulié. *Paris*, 1857, 2 vol. in-8, br.

1729. — Perdita (par Mad. la marquise de Blocqueville). *Paris*, 1857, in-8, mar. rouge, fil., dent. intér.

1730. — Romans divers. *Paris*, 1855-1864, 4 volumes in-12, br.

Tolla, par About. — Le docteur Antonio, par Ruffini. — Les Excentriques, par Champfleury. — Un homme de l'autre monde, par Murat.

1731. — Lettres d'un mineur en Australie, par A. Fauchery, précéd. d'une lettre de Th. de Banville. *Paris, Poulet-Malassis*, 1862, in-12, br.

1732. — Le Quatre Mars (par Em. Waldmann). *Lyon, imprimerie de L. Perrin*, 1862, in-8, mar. br., dent. intér., doublé de moire blanche, tr. dor.

Tiré à très petit nombre et non mis dans le commerce. En regard de la préface on lit cet avis imprimé : « Ce livre, édité pour quelques amis indulgents, ne doit être ni vendu ni reproduit.» Sur la garde on trouve cet envoi autographe signé : « *A madame Casimir Urbanowska, hommage de gratitude et d'affection dévouée. Em. WALDMANN.* »

1733. — Grandville dans les étoiles, publié par Nic. Grandville (L. Paulet). *Paris*, 1864, in-8, br.— Les fameuses bêtes du bonhomme, par Franceschi. *Paris, Jouaust*, 1869, in-8, br.

Envoi d'auteur signé.

1734. — Mémoires d'une honnête fille. *Paris*, 1866. — Les tribulations de maître Fabricius, Liégeois, par Ch. Babou. *Paris*, 1860, 2 vol. in-12, br.

1735. — La boutique du marchand de nouveautés, par Eug. Muller. *Paris*, 1868, in-12, br.

Envoi d'auteur : « *A M, Paul Lacroix, son humble confrère. EUG. MULLER.* »

1736. — Les indiscrétions du prince Svanine, par Blandy. *Paris*, 1873, in 12, br.

Envoi d'auteur signé.

1737. — Le Médecin de l'Opéra, roman psychologique, par le Bibliophile Jacob. *Paris*, 1873, in-12, br.

> Un des 15 exemplaires sur PAPIER VÉLIN FORT. Avec envoi autographe de l'auteur : « *A Madame M.... un bien vieil ami que l'amitié rajeunira toujours.* PAUL LACROIX. »

1738. — Le Dieu Pepetius, roman archéologique, par P. L. Jacob, bibliophile. *Paris*, 1874, in-12, br.

> Un des 15 exemplaires tirés pour l'auteur, sur PAPIER VÉLIN FORT.

1739. — Coupables amours, par de La Faverie, nouv. édition précéd. d'une préface par Eug. d'Auriac. *Paris*, 1877, in-12, br.

> Avec envoi à P. Lacroix.

1740. — Voyage au pays du doute, accompli par Fortuné Rampal et raconté par J. Sigaud. *Paris*, 1882, in-12, br.

> Avec envoi d'auteur signé à Paul Lacroix.

1741. — Les confessions d'un curé de campagne, par l'abbé Domenech. *Paris*, 1883, in-12, br.

> Avec envoi d'auteur : « *A mon bien cher maitre et mon meilleur ami, Paul Lacroix.* EM. DOMENECH. »

V. — CONTES ET NOUVELLES.

1742. — Les anciens conteurs français, rev. et corrigés par P. L. Jacob (Paul Lacroix). *Paris*, 1841, gr. in-8 à 2 col., br.

1743. — Les Cent nouvelles nouvelles, édit. rev. sur les textes originaux, par Leroux de Lincy. *Paris*, 1841, 2 vol. in-12, dem.-rel. v. v.

1744. — Les Cent nouvelles nouvelles dites les Cent nouvelles du Roi Louis XI, notes et introduct. par P. L. Jacob (P. Lacroix). *Paris*, 1858, in-12, br.

1745. — Les contes ou nouvelles récréations et joyeux devis, de Bonaventure Des Périers, varlet de chambre de la Reine de Navarre, avec notes de La Monnoye. *Amst.*, 1735, 3 tom. en 2 vol. in-12, frontisp. gr., v. marbr.

1746. — Les contes ou les nouvelles récréations et joyeux devis de Bonaventure Des Périers, avec un choix des anc. notes de B. de Lamonnoye et de St Hyacinthe, rev. et augment. par P. L. Jacob (P. Lacroix), et notice littér. par Ch. Nodier. *Paris*, 1841, in-12, dem.-rel. — Le Cymbalum Mundi et autres œuvres de Bonav. Des Périers, réunies pour la prem. fois et accomp. de notes par P. L. Jacob (P. Lacroix). *Paris*, 1841, in-12, dem.-rel.

1747. — Les Serées de Guillaume Bouchet, juge et consul des marchands à Poictiers. *S. l.*, 1588, pet. in-12, v.

1748. — Propos rustiques, baliverneries, contes et discours d'Eutrapel, par Noël Du Fail, av. notes par Marie Guichard. *Paris*, 1842, in-12, br.

Envoi à Paul Lacroix.

1749. — Les Neuf matinées du seigneur de Cholières. *Paris*, 1585. — Les après-disners du seigneur de Cholières. *Paris*, 1587. — 2 vol. pet. in-8, br. (*Réimpression*).

Réimpression de Jouaust, faite en 1879, commencée par Ed. Tricotel et terminée par P. Lacroix.

1750. — Contes et nouvelles de La Fontaine, édition revue et corrigée par P. L. Jacob, notes par Marais. *Paris*, 1861, in-12, br.

1751. — Le Petit Neveu de Bocace, contes nouveaux en vers (par Plancher de Valcour). *S. l. n. d.*, 3 tom. en un vol. in-8, dem.-rel.

1752. — Voyages imaginaires, romanesques, merveilleux, allégoriques, amusants, comiques et critiques, suivis des songes et visions, et des romans cabalistiques. *Paris*, 1787-1789, 39 vol. in-8, avec figures de Marillier grav. par Delvaux, bas. mar-br.

Tomes 1 à 39.

1753. — Contes dérobés, par M* (Nogaret). *Venise, chez Pantalon Phébus, an XI*, in-12, br.

1754. — Contes de P. Philippe Gudin, précédés de recherches sur l'origine des contes. *Paris,* 1804, 2 vol. in-8, v. marbr.

1755. — Le cheveu, précédé du voyage, conte en vers libres, par un officier de dragons. *Paris,* 1808, 2 tom. en un vol. in-12, dem.-rel. mar. viol., tr. dor.

1756. — Contes militaires, le grenadier français, le conscrit, le houssard, le canonnier et le chasseur, suivis du XIXᵉ siècle, poème, par Lombard (de Langres). *Paris,* 1810, in-12, fig., dem.-rel. mar.r., tr. dor.

1757. — Six nouvelles, par Joseph C. M. *Paris,* 1816, 3 vol. in-12, dem.-rel. vél. bl., tr. sup. dor.

1758. — Souvenirs de deux anciens militaires ou recueil d'anecdotes inédites ou peu connues, par de Fortia. *Paris,* 1817, in-12, dem.-rel. vél. bl., tr. sup. dor.

1759. — Le Décaméron français, nouvelles historiques et contes moraux, par Lombard de Langres. *Paris,* 1828, 2 vol. in-8, br.

1760. — Choix d'anecdotes, de contes, d'historiettes, d'épigrammes et de bons mots, tant en prose qu'en vers. *Paris,* 1827, 2 tomes en 16 livrais. in-32, br.

1761. — Le Conteur, recueil de contes de tous les temps et de tous les pays, publ. mensuellement par les soins de A. Hugo. *Paris, Charpentier, 15 avril* 1833, in-12, dem.-rel.

Page 137 de ce recueil on trouve la nouvelle suivante, de Paul Lacroix : *Une bonne fortune,* signée du pseudonyme J. R. JACOB. Il ne saurait y avoir de doute à cet égard, un autre exemplaire de ce volume figurant parmi les œuvres du Bibliophile Jacob, données de son vivant à la bibliothèque de Montpellier.

1762. — Récits historiques à la jeunesse, par le Bibliophile Jacob (P. Lacroix), illustrat. de T. Johannot, Gavarni et Gigoux. *Tours,* 1844, gr. in-8, fig., dem.-rel. chagr. bleu. — Légendes des sept péchés capitaux, par J. Collin de Plancy. *Paris,* 1844, in-8, fig. en chromolithogr., bas. v.

1763. — Contes et chroniques des eaux, par Cauvain. *Paris,* 1865. — Soirées d'Aix-les-Bains, par madame Rattazi. *Paris,* 1865. — Meyerbeer aux eaux de Spa, par Albin Body. *Bruxelles,* 1885. — Ens. 4 vol. in-12, br.

1764. — Der Weise und der Thor etc. (Le sage et le fou, trad. de la langue Tibétaine, avec le texte orig. publ. par I. J. Schmidt). *St-Petersburg,* 1843, 2 tom. en 1 vol. in-4, couv. en pap.

VI. — FACÉTIES. — LIVRES SUR LES FEMMES.

1765. — Le livre fait par force ou le mystificateur mystifié et corrigé, par un persiffleur persifflé. *A Mystificatopolis, chez Momus, à la Marotte,* 1784, in-8, orné d'une curieuse figure, v. m.

> On a relié à la suite l'ouvrage suivant : P.-A. Laval, comédien, à J.-J. Rousseau, sur la raison qu'il expose pour réfuter d'Alembert, qui prouve que l'établissement d'une comédie dans la ville de Genève, y ferait réunir la sagesse de Lacédémone à la politesse d'Athènes. *La Haye,* 1758.

1766. — L'art d'endormir les gens sans leur donner de l'opium en prenant chaque article de ce livre pour ce qu'il vaut ou recueil des plus jolies choses du siècle de la Calembourimanie, dédié aux grands esprits par un pauvre diable, ami de la joie. *A Paris, chez Gaillardin, marchand d'esprit, Rue Gracieuse, aux Souris, s. d.,* cahier in-fol. et liasse in-8.

> MANUSCRIT du commencement de ce siècle. C'est un recueil de facéties, bons mots, calembourgs, etc...

1767. — Encyclopédie comique ou recueil anglais de gaîtés, de plaisanteries, de traits d'esprit, de bons mots, etc., par Bertin. *Paris, an XI,* 3 vol. in-12, fig., br. — Ressource contre l'ennui ou l'art de briller dans les conversations. *Paris,* 1766, 2 vol. in-12, bas. marbr.

1768. — Voltaire. Le Sottisier. *Paris*, 1883, in–12, dem.-rel. mar. v. — Les petites maisons du Parnasse, ouvrage comico-littéraire, par le Cousin Jacques (Belfroy de Reigny). *Bouillon*, 1784, in–8, cart., non rogné.

1769. — Ann'quin Bredouille ou le petit cousin de Tristram Shandy, ouvrage posthume de Jacqueline Licurgues, actuellement fifre-major au greffe des menus Derviches (par Gorjy). *Paris*, 1792, 6 tom. en 3 vol. in–18, dem.-rel. vél. bl., tr. marbr.

1770. — La question des femmes au xv⁰ siècle, par Campaux. *Paris*, 1865, broch. in–8.
Envoi d'auteur signé.

1771. — La Gamologie ou de l'éducation des filles destinées au mariage, où on traite de l'excellence du mariage, de son utilité politique et de sa fin, et des causes qui le rendent heureux ou malheureux, par de Cerfvol. *Paris*, 1772, 2 tom. en 1 vol. in–12, dem.-rel.

1772. — Les Cours galantes, par G. Desnoiresterres. *Paris*, 1864, 4 vol. in–12, br. — Les amoureux de Mme de Sévigné, par H. Babou. *Paris*, *s. d.*, in–8, br.

1773. — Lacroix (P.). Les secrets de beauté de Diane de Poitiers : confessions archéologiques et cosmétiques. — La jeunesse de Molière. *Paris*, 1858. — 2 ouvr. en un vol. in–16, cart., non rog.

1774. — Comment on devient belle, par Henri de Bornier. *Paris*, 1884, in–12, br.
Envoi d'auteur : « A mon cher et excellent Paul Lacroix. H. DE BORNIER. »

1775. — Collection des meilleurs ouvrages en français, composés par des femmes, par Mlle de Kéralio. *Paris*, 1786-1789, 6 vol. in–8, figures, v. marbr.

1776. — Le génie des femmes, journal publ. par Cel-

lier Du Fayel. *Paris*, années 1844, 1845 et 1846,
3 vol. gr. in-8, dem.-rel. v. fauve.

1777. — Les religieuses Bouddhistes, depuis Sakya-
Mouni jusqu'à nos jours, par Mme Mary Summer.
Paris, 1873. — Les héroïnes de Kalidasa et les héroïnes de Shakespeare, par Mary Summer. *Paris*,
1879. — Ens. 2 vol. in-18, br.

Exemplaires avec envois d'auteur à P. Lacroix.

VII. — ÉPISTOLAIRES. — PROVERBES.

SATIRES. — MÉLANGES. — POLYGRAPHES.

1778. — La Muse historique ou recueil de lettres en
vers contenant les nouvelles du temps (1650-1665),
par J. Loret. *Paris*, 1857-1878, 3 vol. in-8, cart.
percal. r., non rogn., et 1 fascicule in-8, br.

Tout ce qui a paru.

1779. — Correspondance de Roger de Rabutin, comte
de Bussy, avec sa famille et ses amis, rev., avec notes et tables par Lud. Lalanne. *Paris*, 1859, 6 vol.
in-12, br.

1780. — Quelques lettres de Louis XIV et des princes
de sa famille, 1688-1713 (publ. par Hiver). *Paris*,
1862, in-12, br. — Lettres choisies de MM. de l'A-
cadémie Française. *Paris*, 1708, in-12, v. br. —
Correspondance littér. inéd. de L. Racine avec R.
Chevaye, de Nantes, publ. par Dugast-Matifeux.
Paris, 1858, in-8, br.

1781. — Correspondance littéraire, philosophique et
critique de Grimm et Diderot, depuis 1753 jusqu'en
1790. *Paris*, 1829, 16 vol. in-8, dem.-rel. bas. —
— Lettres inédites de Coray à Chardon de la Rochette, 1790-96. *Paris*, 1877, in-8, br.

1782. — Lettre d'un François à un Anglois (sur
Mme Lescombat). 1755, portr. — Réponse d'un Anglois à la lettre d'un François. *Londres*, 1755. —

Oraison funèbre de très-haute dame Marie Tape-
ret. *S. l. n. d.*, 3 pièces en 1 petit vol. in-12, dem.-
rel. mar. r., tr. dor. — Lettres d'un Chartreux,
écrites en 1755, publ. par Ch. Pougens. *Paris*,
1820, in-18, fig. de Desenne, dem.-rel. vél. bl., tr.
supér. dor.

1783. — Correspondance inédite du marquis de Caylus (1757-1765), publ. par Charles Nisard. *Paris*,
1877, 2 vol. in-8, br. — Correspondance inédite de
L. P. Jauffret, bibliothécaire de Marseille, publ.
par R. Reboul. *Draguignan*, 1879. (*Envoi à P.
Lacroix*).

1784. — L'Espion anglais ou correspondance entre
milord Alleye et milord Alleyear (par Pidansat de
Mairobert et autres). *Londres*, 1779, 10 vol. in-12,
dem.-rel. — L'Observateur anglais. *Londres*, 1777-
1778, 4 vol. in-12, dem.-rel.

1785. — Souvenirs et correspondance de Mad. de
Caylus, avec annotations, par Raunié. *Paris*,1881,
in-12, br. — Notice sur la marquise de Créquy.
Paris, 1855, in-12, br. — Correspondance inédite
du prince Franç-Xav. de Saxe, publ. par A. Thé-
venot. *Paris*, 1874, in-8, br. (*Envoi signé*).

1786. — Lettres Champenoises ou observat. critiques
sur quelq. tragédies et comédies modernes. *Paris*,
1809, 2 part. en un vol. — Lettres Champenoises
ou correspondance politique, morale et littéraire,
adressée à Mme de *** à Arcis-sur-Aube. *Paris*,
1817-1824 (nos 1 à 160), en 10 vol. — Ensemble
11 vol. in-8, cart.

1787. — Lettres Normandes ou correspondance politique et littéraire. *Paris*, 1818-1820, 10 vol. in-8,
bas. racine.

1788. — Etudes sur les proverbes français et le langage proverbial, par Quitard. *Paris*, 1860, in-8, br.

1789. — Les jeux d'esprit ou promenade de la princesse de Conti à Eu, par Mlle De La Force, publ. par le marquis de La Grange. *Paris*, 1862, in-12. br. — L'esprit de tout le monde, par Martin. *Paris*, 1859, in-12, br. — L'esprit du comte de Maistre, par Barthélemy. *Paris*, 1859, in-12, br. (*Envoi signé*). — Hist. du caractère et de l'esprit français, par Cénac-Moncaut. *Paris*, 1867, 3 vol. in-12, br. (*Envoi d'auteur signé*).

1790. — Le Passavant de Théodore de Bèze, trad. par Is. Liseux. *Paris*, 1875, pet. in-18, br.
Hommage du traducteur à Paul Lacroix.

1791. — La galerie des portraits de S. A. R. Mademoiselle, publ. avec notes par Ed. de Barthélemy. *Paris*, 1860, in-8, br.

1792. — Le chef-d'œuvre d'un inconnu, mis au jour par le docteur Mathanasius, édit. avec notes, par Leschevin. *Paris*, 1807, 2 vol. in-12, bas. — Mémoires philosophiques d'Henrion. *Paris*, s. d. (*vers 1798*), in-18, fig., dem.-rel. vél. bl., doré en tête.

1793. — Grands et petits hommes, par le prince de Latour du Lay. *Paris*, 1844, in-12 de 74 pag., br.
Violente satire contre des célébrités romantiques de l'époque.

1794. — Le critique Jules Janin et le dramatique Alexandre Dumas. *Paris*, 1843, in-12 de 44 p., br. — Fabrique de romans. Maison Alexandre Dumas et Cie, par Eugène de Mirecourt. *Paris*, 1845, in-8 de 64 p., br. — Portraits à la plume, par Clém. de Ris. *Paris*, 1853, in-12, dem.-rel. mar. r. — Critique et croquis, par Eug. Veuillot. *Paris*, 1866, in-12, br.

1795. — Mélanges d'histoire et de littérature, recueillis par de Vigneul-Marville. *Rotterdam*, 1700, 3 vol. in-12, v. marb.
On a joint à cet ouvrage la défense de La Bruyère et de ses caractères, contre les accusations et les objections de Vigneul-Marville (par Coste). *Amsterd.*, 1702, in-12.

1796. — Mémoires littéraires, par S. D. L. R. G. (Salengre). *La Haye*, 1716, 2 tom. en un vol. in-12, front. gravé, v. marbr.

1797. — Nouv. mémoires d'histoire, de critique et de littérature, par l'abbé d'Artigny. *Paris*, 1749-1756, 7 vol. in-12, dem.-rel.

1798. — Recueil de diverses pièces sur la philosophie, la religion naturelle, l'histoire, etc., par Leibnitz, Clarke, Newton, et autres auteurs célèbres (publ. par Des Maizeaux). *Lausanne*, 1759, 2 vol. in-12, v. marb.

1799. — Ephémérides de P. J. Grosley, avec notes et notice, par Patris-Dubreuil. *Paris*, 1811, 2 vol. in-8, dem.-rel.

1800. — Les Soirées littéraires ou mélanges de traductions nouvelles des plus beaux morceaux de l'antiquité, de pièces instructives et amusantes, anecdotes, etc., etc., par L. Coupé. *Paris*, 1795-1800, 20 tomes en 10 vol., bas. racine.

1801. — Mélanges de littérature, par Suard. *Paris*, 1803, 4 vol. in-8, bas. rac.

1802. — Le spectateur français au XIXe siècle ou variétés morales, politiques et littéraires, recueill. des meill. écrits périodiques. *Paris*, 1805-1828, 13 tomes en 12 vol. in-8, dem.-rel. bas.

1803. — Esprit du Mercure de France, depuis son origine jusqu'à 1792 ou choix des meilleures pièces de ce journal, tant en prose qu'en vers. *Paris*, 1810, 3 vol. in-8, br.

1804. — Bibliothèque académique ou choix fait par une société de gens de lettres, de différents mémoires des académies françaises et étrangères, publ. et mis en ordre par A. Sérieys. *Paris*, 1811, 12 vol. in-8, bas. racine.

1805. — Mélanges de critique et de philologie, par

Chardon de la Rochette. *Paris*, 1812, 3 vol. in-8, dem. rel. v. ant.

1806. — Le causeur, ambigu littéraire, critique, moral et philosophique, publié par J. Dusaulchoy. *Paris*, 1817, 2 vol. in-12, dem.-rel. v. fauve.

1807. — Annales littéraires ou choix chronolog. des princip. articles de littérature insérés dans le Journal des Débats, par Dussault. *Paris*, 1818-1824, 5 vol. in-8, les 4 premiers rel. en bas. rac., le 5e br.

1808. — Lycée français ou mélanges de littérature et de critique, par Casimir et Germ. Delavigne, J. V. Le Clerc, Patin, Scribe, Violet-le-Duc, etc. *Paris*, 1820, 5 tomes en 4 vol. in-8, dem.-rel. v. fauve.

1809. — Mélanges de littérature et de critique, par Ch. Nodier, mis en ordre par Barginet de Grenoble. *Paris*, 1820, 2 vol. in-8, dem.-rel. bas.

1810. — Répertoire de la littérature ancienne et moderne. *Paris, Castel de Courval*, 1824-27, 30 vol. — Supplément et table. 1 vol. — Ens. 31 vol. in-8, br.

1811. — Soirées de Henri de France, publ. par un royaliste. *Paris*, 1840, 2 vol. in-8, br.

1812. — Souvenirs de J. N. Barba, libraire. *Paris*, 1846, in-8, avec le portr. de l'auteur et celui de Pigault-Lebrun, br. — Souvenirs d'un homme de lettres, par Jal. *Paris*, 1877, in-12, br.

1813. — Œuvres posthumes d'Eugène Orrit, correcteur-typographe, avec notice biogr. et littéraire par Rhéal. *Paris*, 1845, in-8, broché.

1814. — Hommes et choses de divers temps, par Ch. Romey. *Paris*, 1864, in-12, br. — Les choses du temps présent, par Texier. *Paris*, *s. d.*, in-12, br. — Voyage à travers mon atelier, par Deschamps. *Paris, Jouaust*, 1879, in-12, br.

1815. — Scènes de la vie de château. Un cousin de

passage, par le Vte H. de Bornier. *Nantes*, 1866.—
Comment on devient belle, par le même. *Lyon, s.
d.* — Le Fils de la Terre, par le même. *Paris*,
1864. — Ens. 3 broch. in-8.

Avec envois d'auteur à P. Lacroix.

1816. — Œuvres choisies de P. Arétin, trad. de l'ital.
avec des notes, par P. L. Jacob (P. Lacroix). *Paris*, 1845, in-12, dem.-rel. mar. r.

1817. — Maucroix. Œuvres diverses, publiées par L.
Paris, sur le manuscrit de la bibliothèque de
Reims. *Paris*, 1854, 2 vol. in-12, br.

1818. — Œuvres inédites de La Rochefoucauld, publ.
et précéd. de l'histoire de sa vie, par Ed. de Barthélemy. *Paris*, 1863, in-8, br.

Envoi d'auteur signé à P. Lacroix.

1819. — Œuvres choisies de Lesage. *Paris*, 1783,
15 vol. in-8, fig. de Marillier, portr., dem.-rel. bas.

1820. — Œuvres complètes de Voltaire. *Paris, De-
soer*, 1817-1819, 13 tomes en 25 parties ou vol. in-8,
portr., bas. rac.

1821. — Œuvres nouvelles de M. le Baron de Waleff,
divis. en V tomes, conten. un recueil d'odes héroï-
ques et galantes, dédié au prince Eugène, le siècle
de Louis le Grand, les rues de Madrid, plusieurs
satyres, etc. *Liège, Edevard Kints*, 1731, 5 vol.
in-8, v. gr.

1822. — Œuvres choisies de l'abbé Prévost. *Paris*,
1783-1785, 39 vol. in-8, fig. de Marillier, v. marbr.

1823. — Œuvres complètes de Diderot, avec notes
par Assézat et M. Tourneux. *Paris*, 1875-1877, tomes 1 à 9 et 13 à 20, 17 vol. gr. in-8, br.

1824. — Œuvres de Marmontel. *Paris*, 1820, 7 vol.
in-8, v.

1825. — Œuvres complètes de St-Foix. *Paris*, 1778,
6 vol. in-8, v.

1826. — Œuvres d'Arnaud. *Paris*, 1778, 13 vol. in-8, figures d'Eisen, de Marillier, Le Barbier, gravées par de Longueil, Ponce, Fessard, etc., v. marbr., tr. dor.

1827. — Œuvres complètes de l'abbé de Voisenon. *Paris*, 1781, 5 vol. in-8, portr., v. écaille, fil.

1828. — Œuvres de Palissot. *Paris, imprimerie de Monsieur*, 1788, 4 vol. in-8, cart., non rogn.

1829. — Œuvres de Tressan. *Evreux*, 1796, 12 vol. in-8, fig. de Marillier, bas. racine.

1830. — Œuvres en prose de André Chénier. *Paris*, 1840, in-12, br.

> Edit. publ. par P. Lacroix.

1831. — Collection de petits volumes imprimés sur papier vélin, avec titres gravés et jolies figures, publiés par Lefuel, de 1825 à 1830. — 29 vol. in–18, br.

> Vie d'Henri IV. — Vie de Marie-Thérèse d'Autriche. — La journée des Muses. — Hommage des jeunes mères. — Les Paysages, par Brès. — Les fantômes et Céphali ou la jeune Grecque au harem. — L'origine des fleurs. — Madame de La Vallière. — L'abeille des jardins. — Les quatre âges de la nature. — Les roses maternelles. — Le petit rôdeur ou l'écouteur aux portes. — Bazin ou le forgeron arabe. — Néali, poème. — La tendresse filiale, par Vigée. — Mélodies romantiques. — Bibliothèque du promeneur. — Les gens en bonnet de nuit et le bonheur des sots, tableaux de mœurs. — Le Palais-Royal ou histoire de M. du Perron. — Etc.

1832. — Pêle-mêle philosophique et littéraire, publié à divers temps, sous div. noms, chez diff. librai-res, et réunis en 2 vol. au nombre seulement de dix exemplaires par le Sosie de l'auteur (par T. Grille, d'Angers). *Paris*, 1850, 2 vol. in–8, cart., non rognés.

> Voici les titres des principales monographies à paginations séparées qui se trouvent réunies dans ce recueil fait par l'auteur lui-même. Ré-veillière-Lepeaux. Essai sur sa vie et ses œuvres. *Angers*, 1840. — L'émigration Angevine. — Lettres diverses à Jubinal, Villemain, Qué-rard, Jomard, Fix, Reiffenberg, par Malvoisine. — Lettres à Paul La-croix, à Aimé Martin, à Et. Vieusseux, au Dr Pariset, à M. Dareste, sur le Louvre, la Bibliothèque et l'Opéra, par Grille. *Angers*, 1840-1847. — Etc., etc.

1833. — Diverses œuvres de Paul Lacroix. — 4 vol. et broch.

La Maréchale d'Ancre, drame historique en cinq actes et en vers, par Paul L. Jacob, bibliophile, reçu au second Théâtre Français en 1828 et arrêté par la censure. *S. l. n. d*, gr. in-8 à 2 col.— La prison de Pompéia, tragédie en un acte et en vers, par P. Lacroix, représent. sur le théâtre de l'Odéon. *Paris*, 1827, broch. in-8. — Le vingt-quatre février, drame en un acte, par Werner, trad. littéral. en vers par Paul Lacroix, *représenté sur le théâtre de l'Odéon. Paris, s. d.*, in-18, br. — Vertu et tempérament, par P. L. Jacob. *Paris*, 1832, in-8, br. Tome Ier, avec envoi autographe de l'auteur : *A Monsieur Férus, hommage affectueux de l'auteur.* P. L.

1834. — Mes petits papiers, choix d'opuscules historiques et littéraires, par Gust. de la Lance. *St-Mihiel, s. d. (vers 1860)*, in-8, br.

Tiré à 60 exempl. — Envoi à M. Paul Lacroix.

1835. — Varia. — Divers ouvrages avec envois de leurs auteurs ou éditeurs à Paul Lacroix. — 7 vol. et broch. différ. formats.

Merlin, par le Cte de St Jean. *Paris*, 1872. — Au fond du verre, par Amédée Rolland. *Paris*, 1854. — La muse de Corneille, par H. de Bornier. *Paris*, 1854. — Un bon garçon, drame, par Courtat. *Paris*, 1869. — Coups d'œil et coups de plume, par Alph. Lusignan. *Ottawa* (Canada), 1884. — Etc.

VII. REVUES ET JOURNAUX.

1836. — Lettres sur quelques écrits de ce temps, par Fréron (et l'abbé de La Porte). *Genève et Nancy*, 1749-1753, 13 vol. in-12, v. m.

Les tomes 7 et 13 manquent.

1837. — L'année littéraire, par Fréron. *Paris*, 1754-1780, 27 années rel. en 177 vol. in-12, v. marbr.

Manquent les tomes 7 et 8 de 1772 ; le tome 8 de 1775 ; les tomes 1 et 2 et 7 et 8 de 1776 ; les tomes 3 et 4 de 1777 ; les tomes 5 et 6 de 1779 ; les tomes 1, 2, 7 et 8 de 1780. Ensemble 15 vol. — Nous avons en plus les tomes 3, 5 et 6 de 1801.

1838. — Le Conservateur ou collection de morceaux rares et d'ouvrages anciens, élagués, trad. et refaits en tout ou en partie. *Paris, novembre 1756, à octobre 1758* (moins les mois de mai et juin 1758), *et l'année* 1760. Ens. 18 vol. in-12, v. marb. — Le

Conservateur ou bibliothèque choisie de littérature, de morale et d'histoire, par Delandine. *Paris*, 1788, 2 vol. in-12, bas. marbr.

1839. — Bibliothèque universelle des Romans, ouvrage périodique. *Paris, juillet* 1775 à *avril* 1789, 15 années en 108 vol. in-12, dem.-rel.

Manquent les mois de janvier à avril 1786.

1840. — La Décade philosophique, littéraire et politique, par une société de républicains. *Paris*, *ans II-XII*, 11 années. — La Revue ou Décade philosophique. *Paris, an XII* à *septembre* 1807, 4 années. — Ensemble 15 années en 54 vol. in-8, dem.-rel.

Quelques vol. sont fortement tachés d'humidité dans la marge inférieure.

1841. — Petites affiches, annonces et avis divers, 19 *juin* 1797 — 5 *septembre* 1797. In-8, dem.-rel.

1842. — Le Menteur ou le journal par excellence. *Paris, Huet* (1797), 48 n^{os}, in-8, br. — Rapsodies du jour ou séances des deux Conseils en Vaudevilles (par P. Villiers). *Paris*, 1796-97, n°s 38 à 72, in-8, cart.

1843. — Portefeuille français (1800-1813). *Paris, s. d.* 13 vol. in-12, dem.-rel. mar. r., tr. dor.

1844. — Almanachs des prosateurs. *Paris*, 1800-1804, 7 vol. in-12, dem.-rel. mar. r., tr. dor.

1845. — Archives littéraires de l'Europe ou mélanges de littérature, d'histoire et de philosophie, suivis d'une gazette littéraire universelle, par une Société de gens de lettres. *Paris*, 1804-1807, 16 vol. in-8, dem.-rel. bas.

1846. — L'Ambigu ou variétés littéraires et politiques, recueil périodique publié par Peltier. *Londres*, 1804-1815, 40 vol. in-8, dem.-rel.

Quelques lacunes.

1847. — L'improvisateur français, par S. (Sallentin de l'Oise). *Paris, an XII* (1804-06), 21 vol. in-12, br.

1848. — Mercure de France, littéraire et politique. *Paris, an VIII*-1810, 42 vol. in-8, v.

1849. — Journal des arts, des sciences et de la littérature, bulletins de Paris, tomes 1 à 6. *Paris*, 1813-1814, 6 vol. in-8, dem.-rel. bas.

1850. — Journal des Débats. *Paris*, 1814-1820, 14 vol. pet. in-fol., br.

1851. — Le Nain Jaune ou Journal des arts, des sciences et de la littérature. *Paris*, 1815, 2 vol. avec caricatures en couleurs. — Le Nain Jaune réfugié. 1816, 1 vol. — Ens. 3 vol. in-8, dem.-rel.

1852. — Le Diable boiteux, journal critique et littéraire. *Paris*, 1816, 2 tom. en 1 vol. in-8, cart.

    Collection complète, du 1er avril au 6 août 1816.

1853. — Annales Encyclopédiques, rédigées par Millin. *Paris*, 1817. 5 vol. in-8, dem.-rel. (Tomes 1, 2, 3, 4 et 6). — Revue encyclopédique ou analyse raisonnée des productions les plus remarquables dans la littérature, les sciences et les arts, par une réunion de membres de l'Institut et d'autres hommes de lettres. *Paris*, 1820-1834, 52 vol. rel. et 12 fasc. br. — Table des neuf premières années, 1 vol. Ens. 65 vol. rel. et br. (*La reliure n'est pas uniforme*). — Nouv. Revue encyclopédique, publ. par Didot. *Paris*, 1846-48, 5 vol. gr. in-8, dem.-rel. (Tomes 1 à 5).

    Manque dans l'année 1832, de la *Revue encyclopédique*, le mois de novembre ; dans l'année 1833 nous n'avons que de janv. à octobre.

1854. — Lettres Normandes ou correspondance politique et littéraire. *Paris*, 1818-1820, 10 tomes en 5 vol. in-8, v. gaufr., fil.

    Les 2 premiers tomes sont en un vol. cart. non rogn.

1855. — Le drapeau blanc, par A. Martainville et plusieurs hommes de lettres. *Paris*, 1819, 2 vol. in-8. br.

1856. — Annales de la littérature et des arts, par MM. Quatremère de Quincy, Raoul Rochette, Rémusat, Charles Nodier, etc. *Paris*, 1820-1829, 34 vol. in-8, dem.-rel. bas.

1857. — La Foudre, journal politique et littéraire, rédigé par une société de gens du monde et d'hommes de lettres. *Paris*, 1821-1823, 9 vol. in-8, figures, dem.-rel. mar. vert.

1858. — Le mois littéraire et historique ou esprit des journaux, recueil semi-périodique. *Paris*, 1822-1825, 7 vol. in-8, bas. marbr.
> Collection complète.

1859. — Le Diable rose ou le petit courrier de Lucifer. *Paris*, 12 *avril* au 19 *juillet* 1822, in-8, figures, cart., non rogn.

1860. — Le Diable Boiteux, journal des spectacles, des mœurs et de la littérature. *Paris (depuis l'origine 14 juillet* 1823 au 30 *juin* 1825), 4 vol. in-4, portraits et figures, dem.-rel.

1861. — Le Mercure du xixᵉ siècle, rédigé par une Société de gens de lettres. *Paris*, 1823-1839, 34 vol. in-8, rel., cart. et br.
> Le tome 24 manque.

1862. — Le Propagateur, recueil sténographique d'éloquence, de littérature et d'histoire. *Paris*,1823-25, 5 vol. in-8, dem.-rel. vél. bl.
> Le 5ᵉ volume contient un catalogue des ouvrages mis à l'index.

1863. — La Semaine, gazette littéraire,par un Comité secret. *Paris*, 1824, 4 vol. in-8, cart., non rogn.

1864. — L'Oriflamme, journal de littérature, de sciences et arts, d'histoire, et de doctrines religieuses et monarchiques, par J.-B. Salgues. *Paris*, 1824-1825, 4 vol. in-8, dem.-rel. bas.

1865. — Le Masque de Fer, correspondance adressée au prince duc de *** sur la littérature, les beaux-arts, les mœurs, les théâtres et les journaux. *Paris*, 1825, in-8, br.

1866. — Le Producteur, journal de l'industrie, des

sciences et des beaux-arts. *Paris*, 1825-1826, 2 vol. in-8, dem.-rel.

1867. — Petit courrier des dames, nouveau journal des modes. 1826-1828. — Journal des Modes.*Paris*, 1825, 3 vol. in-8, dem.-rel.

1868. — L'Athénée, mémorial des sciences, des lettres et des arts. *Paris*, 1829, in-8, dem.-rel.

1869. — Gazette littéraire. *Paris*, 1829-1830-1831, in-4, dem.-rel. — Le Pirate. *Paris*, 1829, in-4, dem.-rel. v. f.

1870. — Revue de Paris. *Paris*, 1829-64, 87 vol. in-8, cart. et reliés.

> Depuis l'origine 1829 jusqu'en 1844, 51 vol. dem.-rel. — De 1853 à 56, 36 vol. cart. — Manquent les années 1845 à 1852.Nous y joignons : *Nouvelle revue de Paris, année* 1864. *Livraisons* 14-15-19 à 26,10 fasc. in-8, br.

1871. — L'Etincelle, souvenirs de la littérature contemporaine, par Lamartine, Th. Gautier, Ch. Nodier, G. Sand, etc. *Paris*, *s. d.*, in-8, rel.

1872. — Le Corsaire. *Paris*, 20 août 1831 au 20 août 1832, 1 vol. in-4, dem.-rel.

1873. — La Bagatelle, journal de France. *Paris*, 1833, 3 vol. in-4, dem.-rel.

1874. — L'écho de la jeune France, journal des progrès par le christianisme. *Paris*, 1833-1838, 6 années en 6 vol. gr. in-8, avec figures, dem.-rel.

1875. — Vieille France et jeune France, par le vic. d'Arlincourt, A. de Beauchesne, H. Berlioz, Berryer, Al. Guiraud, comte de Rességuier, princesse de Craon, etc. *Paris*, 1834, gr. in-8, br.

> Tome 1er, seul paru.

1876. — Le Magazine français, recueil mensuel de fragments de mémoires et voyages, trad. anecdotes, contes et nouvelles. *Paris*, 1834-1835, 2 années en 7 vol. gr. in-8, br.

1877. — Journal de l'Institut historique. *Paris*, 1834-

1839, 6 années en 10 tomes rel. en 5 vol. gr. in-8, fig., dem.-rel. v. fauve.

1878. — Le Tam-Tam. *Paris*, 1835-1836, in-4, dem.-rel.

1879. — La Revue indépendante, publ. par Pierre Leroux, G. Sand et L. Viardot. *Paris*, 1841-45 (1re série). — 2e série, 6e année, 1846. (Tome Ier). — 8e année, 1848. — Ens. 24 vol. in-8, dem.-rel.

1880. — Le Salon littéraire, écho de la presse française et étrangère. *Paris*, 12 décembre 1844 — 30 sept. 1845, 3 vol. in-4, dem.-rel.

1881. — La Cravache, journal-livre politique. *Paris*, 1845, du 30 octobre, du 10 et 20 novembre, 3 nos in-12, br.

1882. — Le Conseiller des Dames, journal d'économie domestique et de travaux d'aiguille. *Paris*, 1847-61, 14 vol. gr. in-8, dem.-rel.

1883. — L'Erudition, revue mensuelle, rédigée par une société d'érudits, publ. par Ch. Barthélemy. *Versailles*, 1850-52, 2 vol. gr. in-8 à 2 col., dem.-rel. v. vert.

1884. — L'Athenæum français, journal universel de la littérature, de la science et des beaux-arts, fondé par de Saulcy, de Longpérier, Delessert, etc., etc. *Paris*, 1852-56, 8 vol. — Bulletin archéologique de l'Athenæum, 1 vol. — Ens. 9 vol. in-4, br.

1885. — Bulletin de la Société de l'histoire du Protestantisme français. *Paris*, 1853-71, 19 vol. in-8, dem.-rel. bas.

1886. — Le Cabinet historique, revue contenant le catalogue général des manuscrits des bibliothèques publiques, sous la direction de Louis Paris, depuis l'origine 1854 jusqu'en 1875, 20 vol. in-8, br. et en livrais.
L'année 1866 manque.

1887. — Revue française. *Paris*, 1855-59, 17 vol. in-8, dem.-rel. v. fauve, dos orné, tr. marbr.

1888. — Revue anecdotique des lettres et des arts. *Paris*, 1855-1862, 14 vol. in-12, dem.-rel. vél. bl. — La petite Revue. *Paris*, 1863-1866, 12 vol. in-12, br.

1889. — La Correspondance littéraire. *Paris*, 1856-63, 7 vol. gr. in-8, dem.-rel. v. f.

1890. — Le Magasin de librairie, publ. par Charpentier. *Paris*, 1858-60, 12 vol. in-8, dem.-rel.

1891. — Revue fantaisiste. *Paris*, 1861, 19 fasc. in-8, br.

De l'origine 15 février 1861 au 15 novembre de la même année.

1892. — Revue nobiliaire, héraldique et biographique, publiée par Bonneserre de Saint-Denis. *Paris, Dumoulin*, 1862-74, 3 vol. et 77 fasc. in-8, br.

Envoi de l'édit. à P. Lacroix.

1893. — Gazette anecdotique, littéraire, artistique et biographique, publiée par G. D'Heylli. *Paris, Jouaust*, 1876-84, 160 fasc. pet. in-8, br.

De l'origine 1876 à 1884. (*Manquent quelques numéros*).

1894. — L'Intermédiaire des chercheurs et curieux. *Paris*, 1864-75, 8 vol. gr. in-8, dem.-rel. vél. bl. non rognés.

1895. — Les matinées italiennes, revue anecdotique, artistique et littéraire, par le baron Stock. *Florence*, 1868-70, 5 vol. gr. in-8, dem.-rel. mar. r.

1896. — Les Chroniques de Languedoc, Revue du Midi, historique, archéologique, bibliographique, sous la direction de Louis (Lacour) de la Pijardière). *Montpellier*, 1875-1879 (5 sept.), 6 années, gr. in-8, br.

Avec la publication annexe comprenant la réimpression des *Pièces fugitives du marquis d'Aubois*. — Exemplaire en GRAND PAPIER DE HOLLANDE.

HISTOIRE LITTÉRAIRE. — BIBLIOGRAPHIE

I. — HISTOIRE DE LA LITTÉRATURE ET DES AUTEURS.

1897. — Jugements des savants sur les princip. ouvrages des auteurs, par Adr. Baillet. *Amsterd.*, 1725, 8 tomes en 4 vol. in-4, portr., dem.-rel.

1898. — Mémoires pour serv. à l'hist. des hommes illustres de la République des lettres, avec un catalogue raisonné de leurs ouvrages, par le P. Niceron. *Paris*, 1727-1738, 40 vol. in-12, v. (*Quelques vol. lachés*).

1899. — Querelles littéraires ou mémoires pour serv. à l'hist. des révolutions de la République des lettres, dep. Homère jusqu'à nos jours. *Paris*, 1761, 4 vol. in-12, v. — Hist. des troubles et des démêlés littéraires. *Paris*, 1779, 2 vol. in-8, br.

1900. — Mémoires secrets pour serv. à l'hist. de la Républ. des lettres en France, depuis 1762 jusqu'à nos jours (par Bachaumont). *Londres*, 1780-1789, 36 vol. in-12, rel. et br.

1901. — Un ménage littéraire en Berry au XVIᵉ siècle, par H. Boyer. *Bourges*, 1859, in-8 de 80 pag., fig., br.

Envoi d'auteur signé à P. Lacroix.

1902. — Eloge de Mᵐᵉ de Sévigné, par F. Collet. *Paris*, 1840. — Billet italien de Mᵐᵉ de Sévigné, publ. par Monmerqué. *Paris*, 1844. — Dernière pensée de Mᵐᵉ de Sévigné pour sa fille, mise en lumière par Monmerqué. *Paris*, 1846. — Lettres inédites de madame de Sévigné. (*Extrait*). — Ens. 4 br. in-8.

Trois de ces brochures portent des envois d'auteurs ou d'éditeurs à P. Lacroix.

1903. — Mémoires sur la vie de Lenglet du Fresnoy par l'abbé Goujet). *Paris*, 1761, in-12, v. — Le Réveil d'Apollon ou galerie littéraire. *Paris*, 1796, in-12, vél. bl. — Dictionn. des protées modernes. *Paris*, 1815, in-12, cart.

1904. — Restif de la Bretonne, par Firmin Boissin. *Paris*, 1875, in-12, pap. vergé, br. — Les origines de Werther, par Arm. Baschet. *Paris*, 1855, in-8 de 60 pag., br.

> Ces deux monographies ont des envois signés de leurs auteurs à P. Lacroix. La première porte les lignes suivantes : « *A mon savant maitre et ami Paul Lacroix, témoignage de sympathie profonde.* F.Boissin. »

1905. — Voyage historique et littéraire en Angleterre et en Écosse, par Pichot. *Paris*, 1825, 3 vol. in-8, dem.-rel. v. fauve. — Voyages historiques, littéraires et artistiques en Italie, figures par Valery. *Paris*, 1838, 3 vol. in-8, dem.-rel. v. vert.

1906. — Notice sur Frédéric Soulié, par Victor Hugo, A. Dumas, Monselet, etc. *Paris*, 1847, in-8 de 80 pag., br. — Gérard de Nerval, par Bell. *Paris*, 1855, br. in-8. (*Envoi d'auteur signé*).

1907. — Balzac. — 3 vol. in-12, br.

> Balzac, sa vie et ses œuvres, par Madame de Surville. 1858. — Portrait intime de Balzac, par Werdet. 1859. — Les grandes figures d'hier, par Champfleury (Balzac). 1861.

1908. — La vérité sur le Livre des Sauvages, par l'abbé Domenech. *Paris*, 1861, in-8, br.

1909. — Journalisme parisien. 8 vol. in-12, br.

> Physionomie de la presse, par un chiffonnier (Petit de Baroncourt). 1848. — Histoire de la presse en 1857-1858, par F. Maillard. — Gazettiers et gazettes, par Vaudin. 1860. — Les troisièmes pages du journal *le Siècle*, par Taxile Delort *Paris*, 1861. — Quand j'étais journaliste, revue drôlatique par Domenech. *Paris*, 1869. — Marc de Montifaud devant l'opinion. *Londres*, 1882, in-12, br.

1910. — Magazin fur die Kunde des geistigen und sittlichen Lebens in Russland, von C. Fr. Meyer. (Encyclopédie pour servir à l'étude de la vie intel-

lectuelle, etc. en Russie). *S. Petersburg*, 1853-55,
3 années ou vol. gr. in-8, br.

II. — ARCHIVES, MANUSCRITS, AUTOGRAPHES.

1911. — Archives, manuscrits et autographes. —
Environ 20 broch. in-8, dans un carton.

> Rapport à M. le Ministre de l'Instruct. publique, suivi de quelq. piè-
> ces inédites tirées des mss. de la bibliothèque de Berne, par Ach. Ju-
> binal. *Paris*, 1838. — Essai sur les archives historiques du Chapitre de
> l'église cathédrale de N.-D. à Sᵗ-Omer, par Vallet de Viriville.
> *St-Omer*, 1844. — Notice sur deux anciens cartulaires manuscrits de
> la Bibliothèque du Roi, par Depping. *Paris*, 1831. — Des autographes,
> par Alex. Corby. — Etc.

1912. — Archives de l'Empire, inventaire et documents, collection de sceaux, par Douet d'Arcq.
Paris, 1863-1868, 3 vol. in-4, br.

1913. — Les Archives de la France pendant la Révolution (par De Laborde). *Paris*, 1866. — Les in-
ventaires des Archives, réponse à M. De Laborde,
par H. Bordier. *Paris*, 1867, in-4, br.

1914. — Les Archives de la République de Venise,
par A. Baschet. *Paris*, 1857, in-8, br.

> Envoi d'auteur signé.

1915. — Paléographie et manuscrits. — 10 broch.
in-8.

> Les Bibles de Théodulphe, par Delisle. *Paris*, 1859. — Rapports di-
> vers. — Les manuscrits de Fréret. — Etc.

1916. — La bibliothèque de Charles d'Orléans, à
Blois, par Leroux de Lincy. *Paris*, 1843. — Les
poésies de Ch. d'Orléans, par Guichard et Cham-
pollion. *Paris*, 1843, 3 br. in-8.

1917. — Défense de B. Pascal, Newton, Galilée, Mon-
tesquieu, etc. contre les faux documents présentés
par Chasles à l'Académie, par Faugère. *Paris*,
1868, in-4, avec fac-simile, br.

> Avec envoi d'auteur signé.

1918. — Deux années de mission à Sᵗ-Pétersbourg,

manuscrits, lettres et documents historiques sortis
de France en 1789, par le Cte H. de la Ferrière.
Paris, 1867, gr. in-8.

Hommage autographe signé de l'auteur.

1919. — Le duc de St-Simon, son cabinet et l'historique de ses manuscrits, par Armand Baschet. *Pa-
ris,* 1874, in-8, br.

1920. — Autographes. — Divers catalogues de Charavay. *Paris,* 1845-1873, 4 vol. in-8, dem.-vél. bl.
— Revue des Documents historiques publiés par
Et. Charavay. 1873-1875, 2 vol. in-8, avec fac-simile, br., et livraisons diverses.

III. — IMPRIMERIE. — RELIURE.

1921. — Jean Gutemberg, premier maître-imprimeur,
ses faits et discours les plus dignes d'admiration,
et sa mort, par Dingeltsedt, traduit de l'allem. par
G. Reviliod. *Genève, Ficla,* 1858, in-4, cart.

1922. — Imprimerie. — Archéologie typographique,
par Aug. Bernard. *Paris,* 1853. — Débuts de l'imprimerie à Strasbourg, par De Laborde. *Paris,*
1840. — Les inventeurs de l'imprimerie en Allemagne, par de Viriville. *Paris,* 1858. — Etc. — 4 broch. in-8.

1923. — Notice sur l'Art au Morier, xylographie du
xve siècle, par le Cte de Melun. *S. l. n. d.,* broch.
in-8. — La Dermotypotemnie, étude sur quelques
livres cum figuris et characteribus ex nulla mate-
ria compositis, par Ern. Aumerle. *Issoudun,* 1867,
in-8 de 40 pag., br. (*Envoi d'auteur signé*).

1924. — Desbarreaux-Bernard. L'imprimerie à Tou-
louse aux xve, xvie et xviiie siècles. *Toulouse,*
1865. — Un incunable toulousain de plus. — Les
pérégrinations de Jean de Guerlins, imprimeur à
Toulouse au xvie siècle. *Montauban,* 1866, 4 brochures in-8.

Avec envois d'auteur signés.

1925. — Recherches sur l'imprimerie et la librairie dans le départem. de la Somme, 1re partie, par Pouy, *Amiens*, 1863, in-8, br. — Typographes et gens de lettres, par Déc. Allonnier. *Paris*, 1864, in-12, br.

1926. — Essai d'une liste des ouvrages concern. l'histoire de l'imprimerie en Italie, par Hoffmann. *Bruxelles*, 1872, broch. in-8 de 33 pag.

> Envoi d'auteur signé.

1927. — Imprimeurs célèbres. — Catalogue des imprimeurs et libraires du Roy, par Adry. *Paris*, 1849. — Etudes sur la famille Didot, par Werdet. *Paris*, 1864.— Des gravures en bois dans les livres de Vérard, par Renouvier. *Paris*, 1859. — Les Estienne et les types grecs, par Aug. Bernard. *Paris*, 1856. — Etc. — Ens. 6 broch. in-8.

1928. — Essai sur l'imprimerie des Nutius, par C. N. (Nuyts). *Bruxelles*, 1858, in-8, br.

> Tiré à très petit nombre.

1929. — Histoire du Livre, par Werdet. Etudes bibliographiques sur les Estienne et les Didot. *Paris*, 1864, 2 vol. in-12, br.

> Un des trois exemplaires tirés sur papier collé. — *Envoi d'auteur signé à P. Lacroix.*

1930. — De l'ornementation typographique, par Clerget. *Vienne*, 1859, in-8, br.

1931. — Essai typographique et bibliographique sur l'hist. de la gravure sur bois, par A.-F. Didot. *Paris*, 1863, in-8, br.

> Envoi d'auteur signé à P. Lacroix.

1932. — La Reliure française depuis l'invention de l'imprimerie jusqu'à la fin du xviii° siècle, par Marius Michel. *Paris*, 1880, in-4, fig., br.

IV. — BIBLIOGRAPHIES GÉNÉRALES ET SPÉCIALES

1933. — Bibliographie instructive, traité de la connaissance des livres rares (par Debure). *Paris*,

1768 — Supplément. Catalogue de la vente Gaignat. *Paris*, 1769. — Ensemble 9 vol. in–8, v.

A ces 9 volumes nous ajoutons : « *Prix de vente de la Bibliographie de De Bure, de la main de François Bernard, notaire.* » MANUSCRIT DU XVIII° SIÈCLE d'une bonne écriture. — In-4, dos de vél.

1934. — Catalogue des meilleures éditions de tous les auteurs grecs et latins, avec leurs prix-courants en l'an 5 (1797). In-12, mar. rouge, fil., tr. dor. (*Reliure ancienne*).

MANUSCRIT provenant des papiers d'Emeric David et qui paraît être de son écriture.

1935. — Dictionnaire des ouvrages polyonymes et anonymes de la littérature française, 1700–1845. *Paris, s. d.*, in-8, dem.-rel.

Tout ce qui a paru de ce travail de Quérard, qui s'arrête à la page 240. On a relié à la suite les *Retouches* au Dictionnaire des anonymes de De Manne.

1936. — Les supercheries littéraires dévoilées. Galerie des auteurs apocryphes, supposés, déguisés, plagiaires, etc. de la littérature française pendant les quatre derniers siècles, par Quérard. *Paris*, 1847-1852, 4 vol. in-8, br.

1937. — Bibliographie nobiliaire. 1835-1866, 3 vol. in-8, dem.-rel. vél. bl.

Catalogue des collections Lainé, Villenave, du Collège héraldique, de Courcelles, etc.

1938. — Bibliographie. — 5 vol. in-8, dem.-rel.

Catalogue général de la librairie française, par P. Jannet (et autres journaux bibliographiques publ. par le même). 1847. — Catalogue des livres de jurisprudence et autres dont on pourrait faire successivement l'acquisition pour parvenir à former une bibliothèque complète et spéciale de législation. 1833. — Tableau bibliographique des ouvrages en tout genre qui ont paru en France pendant les années 1852, 1853 et 1854 (par Marette, Champayrac et Rabutaux). — Catalogue général des ouvrages de propriété française, *Bruxelles*, 1855.

1939. — Notice des ouvrages publiés par Mercier de St-Léger, par Chénedollé. *Bruxelles*, 1853. — Notice bibliographique sur Richard Simon, par Bernus. *Bâle*, 1882, 2 broch. in-8.

1940. — Essai de bibliographie Limousine, par Payet. *Limoges*, 1862, in-8, br.

1941. — Ensayo de una bibliotheca Espanola, de libros raros y curiosos, formado con lo ; apuntamientos de don Bartolome Jose Gallardo, coordinados y aumentados por Zarco del Valle y Sancho Rayon. *Madrid*, 1863, gr. in-8 à 2 col., br.

> Tome Ier, seul paru. — Envoi à Paul Lacroix de M. Zarco del Valle.

1942. — Collection des grands et petits voyages de de Bry. Bibliographie. *Paris*. 1861, gr. in-8, br. — Bibliographie Italico-Normande, par J. Thieury. *Paris*, 1864, in–8, br.

> Le premier de ces opuscules est un tirage à part de la Notice imprimée dans le Brunet. — Exemplaire offert au Bibliophile Jacob par A. Firmin-Didot.

1943. — Annales Plantiniennes, par C. Ruelens et A. De Backer. *Bruxelles*, 1865, in-8, br.

1944. — Des apocalypses figurées, manuscr. et xylographiques, appendice au catal. des livres de la biblioth. de Firmin-Didot. *Paris*, 1870, in-8, br. (*Envoi d'auteur*). — Essai de classification méthodique des romans de chevalerie, par A. F. Didot. *Paris*, 1870, in-8, br.

1945. — Guide de l'amateur de livres à vignettes du XVIIIe siècle, par H. Cohen. *Paris*, 1870, in-8, br.

1946. — Bibliographie Moliéresque, par le Bibliophile Jacob (P. Lacroix). *Turin, Gay*, 1872, in-8, br.

1947. — Bibliographie Spadoise et des eaux minérales du pays de Liège, par Albin Body. *Bruxelles*, 1875, gr. in-8, br.

1948. — Théâtre de Marivaux. Bibliographie des éditions originales et des éditions collectives données par l'auteur (par A. P. Malassis). *Paris*, 1876, in-12, pap. vergé, br.

> Envoi de A. P. Malassis à P. Lacroix.

1949. — Iconographie Neuchateloise ou catalogue

raisonné des tableaux, dessins, gravures, cartes, etc. relatifs au canton de Neuchatel, par Bachelin. *Neuchatel*, 1878, in-8, br.

1950. — Dictionnaire bibliographique des ouvrages relatifs à l'Empire Chinois, par H. Cordier. *Paris*, 1878-1880, tome Ier en 4 fascicules gr. in-8, br.

1951. — Bibliographie des Bibliographies. Catalogue des bibliographies générales et particulières, par ordre alphabét. d'auteurs, avec indication complète du titre, des lieu et date de publication, de format, etc., et répertoire des mêmes bibliographies par ordre alphabétique des matières, par L. Vallée. *Paris*, 1883, gr. in-8, br.

> Envoi de l'éditeur à P. Lacroix.

1952. — La Bibliomanie en 1882. Bibliographie des adjudications les plus remarquables, par Philomneste Junior (G. Brunet). *Bruxelles*, 1883, in-12, br.

1953. — Les Almanachs de la Révolution, par Welschinger. *Paris*, 1884, in-8, br.

V. — MÉLANGES DE BIBLIOGRAPHIE, JOURNAUX ET REVUES BIBLIOGRAPHIQUES.

1954. — Quérard. — 10 broch. in-8.

> Omissions et bévues de la littérature française contemporaine. 1848. — Réfutation de M. Chantelauze. *Paris*, 1859. — Un martyr de la bibliographie. — La bibliographie au xixᵉ siècle, lettre à Brunet. 1863.— Etc.

1955. — De la revendication des livres, estampes et autographes appartenant aux bibliothèques impériales et Ste Geneviève, par Racinet. *Paris*, 1858. — Le Breviarium Romanum de Nic. Jenson, par Racinet. *Paris*, 1858. — Note sur un exemplaire de la Pragmatique Sanction, par Vallet de Viriville. *S. d.* — Recherches sur les éditions du N.

Testament de Mons, par R. Chalon. *Bruxelles,* 1844. — Ens. 9 broch. in-8.

1956. — Dictionnaire de géographie ancienne et moderne à l'usage du libraire et de l'amateur de livres, par un bibliophile (P. Deschamps). *Paris, Didot,* 1870, gr. in-8, dem.-rel. mar. du Lev., non rogné.

1957. — Bibliothèque Nationale. — Environ 30 broch. dans un carton.

> Lettre à M. Darreste sur le Louvre, la Bibliothèque et l'Opéra, par F. Grille. *Paris,* 1847. — Note sur le classement des imprimés, la rédaction et la publication du catalogue général de la Bibliothèque Royale. *Paris,* 1847. — De la Bibliothèque Nationale et de la nécessité de commencer, achever et publier le catalogue général des livres imprimés, par Paulin-Pâris. *Paris,* 1847. — Lettre à M. Paul Lacroix sur le prêt des livres et le catalogue de la Bibliothèque du Roi. 1847. — La Bibliothèque du Roi, par Ch. Dunoyer. *Paris,* 1847. — Etc.

1958. — Bibliothèques publiques. — 22 broch. in-8.

> Rapports sur la Bibliothèque Royale de Belgique. — Les bibliothèques de Strasbourg, Caen, etc. — Fonctions et devoirs des bibliothécaires. — Etc.

1959. — Bibliophiles français sous le premier empire et la Restauration, Péricaud et Breghot du Luc, par H. Bonhomme. *S. l. n. d.,* br. in-8. — Notice sur le comte de Lescalopier (bibliophile). *Paris,* 1866, 2 broch. in-8.

1960. — Cours de bibliographie ou nouvelles productions des sciences, de la littérature et des arts, par Luneau de Boisjermain. *Paris,* 1788, in-8, vél. vert.

1961. — Annonces de bibliographie moderne ou catalogue raisonné et analytique des livres nouveaux. *Paris,* 1790, 2 vol. in-8, br.

1962. — Journal typographique et bibliographique ou annonce de tous les ouvrages qui ont rapport à l'imprimerie comme gravure, fonderie, papeterie, géographie, musique, estampes, architecture, librairie ancienne et moderne, chefs-d'œuvre de serrurerie, de menuiserie, de reliure, etc..., ventes d'imprimerie et de librairie (par Roux, typographe). *Paris*, 1797-1801, 4 vol. in-8, br.

1963. — Journal général de la littérature ou indicateur bibliograph. et raisonné des livres nouveaux en tous genres, cartes, gravures, musique, etc. paraissant en France. *Paris, nivôse an VII* à 1814, tomes 4 à 44, 32 vol. in-8, br.

Manquent les tomes 5, 6, 7, 8, 9, 15, 20, 26 et 35.

1964. — Bibliographie générale de la France ou indicateur raisonné des livres nouveaux en tous genres, cartes géographiques, estampes, œuvres de musique, etc., qui ont paru en France, classés par ordre de matière. *Paris et Strasbourg, Treuttel et Wurtz*, 1800-1805, 6 vol. in-8, dem.-rel.

1965. — Bulletin du bibliophile et du bibliothécaire, publ. par Téchener. *Paris*, 1834-1873, 34 vol. in-8, dem.-rel. v. fauve.

1966. — Le Bibliographe, journal des hommes de lettres, savants, professeurs, fondeurs, imprimeurs, éditeurs, libraires, dessinateurs, graveurs, etc. *Paris*, 1840-41, gr. in-8, dem.-rel.

40 Nos, collection complète.

1967. — Journal de l'amateur de livres. *Paris, Jannet*, 1848, in-8, dem.-rel. mar. grenat. — Le Chasseur bibliographe, par François. *Paris*, 1862, in-8, dem.-rel. bas.

1968. — Bulletin du bouquiniste, publ. par Aug. Aubry. *Paris*, 1867-1875, 18 vol. in-8, dem.-rel. bas.

1969. — Liste bibliographique des publications périodiques. *Moscou*, 1858-59, 2 vol. gr. in-4, br. (*Texte russe*).

1970. — L'Ami des Livres. *Paris, Muffat*, 1859-1861, in-8, dem.-rel., non rog.

1971. — Annuaire du bibliophile, du bibliothécaire et de l'archiviste, publié par Louis Lacour. *Paris*,

1860-1863. — Annuaire de l'archéologue, par Burty et Louis Lacour. *Paris*, 1862, 5 vol. in-18, br.

1972. — Le Bibliographe Alsacien, gazette littéraire, historique et artistique (dirigée par Ch. Mehl). *Strasbourg*, 1862-69, 4 vol. in-8, br. ou en livraisons.

Exemplaire en GRAND-PAPIER DE HOLLANDE. — Hommage de M. Ch. Mehl, l'éditeur, à P. Lacroix. Manque la 6e livraison de l'année 1864.

1973. — Le Bibliophile illustré (par Berjeau). *Londres*, 1863, in-8, dem.-rel. vél. bl. — Annales du bibliophile, par L. Lacour. *Paris*, 1863, in-8, dem.-rel.

1974. — Le Bibliophile français, publ. par Bachelin-Deflorenne. *Paris*, 1868-73, 7 vol. en 50 fasc. **gr.** in-8, br.

Manquent les n°s 5 et 6 du tome V.

1975. — Polybiblion. Revue bibliographique universelle, publ. par de Beaucourt. *Paris*, 1868 à 1884, 34 vol. gr. in-8 ; les 12 premiers vol. en dem.-rel., vél. bl., non rognés, les autres en livraisons.

1976. — Le Moniteur du bibliophile, par Jules Noriac et A. Heulhard. *Paris*, 1878-1881, 33 fascicules petits in-4, br.

Manquent août 1879, juillet 1880, janvier et février 1881.

1977. — Le Livre, revue mensuelle. *Paris, Quantin*, 1880-84, 54 fasc. gr. in-8.

Manque 2e livre de 1882 et les livraisons 5, 8, 10 de la fin de 1884.

VI. — CATALOGUES.

1978. — Catalogue de ventes de bibliothèques, faites au XVIIIe siécle. 1709-1795, 13 volumes in-8, v. (*Quelques-uns avec les prix d'adjudication*).

Catalogue Faultrier, Le Pelletier, De Senicourt, Guyon de Sardière, J. de Witt, Buc'hoz, Anisson Duperron, etc.

1979. — Divers catalogues de ventes du xviiie siècle. 1713-72, 7 vol. in-12, rel.

> Catalogues Burette, La Grange-Trianon, Boulanger, Fourcy, Arkstée et Merkus, etc.

1980. — Divers catalogues de ventes du xviiie siècle. 1729-1797, 10 vol. in-8, v. (*Quelques-uns avec prix*).

> Catalogues Brochard, Bellanger, Mesenguy. Barré, Floncel, Baron, etc.

1981. — Divers catalogues de vente du xviiie siècle. 1735-1800, 10 vol. in-8, v.

> Catalogues Bourret, Mouchy, Gayot, de Beaumont, Mercier de St-Léger, etc.

1982. — Catalogue des livres de la bibliothèque de feue Mad. la marquise de Pompadour. *Paris*, 1765, in-8, dem.-rel. bl., non rog.

> Exemplaire avec les prix de vente en marge, notés à l'époque même.

1983. — Catalogue des livres de Pont-de-Vesle, conten. une collection presque universelle de pièces de théâtre, avec la table alphab. des auteurs et des pièces. *Paris*, 1774, in-8. — Catalogue des livres de Fevret de Fontette. *Paris*. 1773, in-8. (*Prix*). — En un vol. in-8, dem.-rel.

1984. — Catalogue de la bibliothèque de l'ordre des avocats du Parlement. *Metz*, 1776, in-4, br.

1985. — Catalogue de la bibliothèque de l'abbé Rive. *Marseille*, 1793, in-8, dem.-rel. vél. bl.

1986. — Divers catalogues de bibliothèques du xviie siècle et du commencement de ce siècle. 19 vol. in-8, rel. ou br. (*Quelques-uns avec les prix d'adjudication*).

> Catalogues d'Hangard, Millin, Dulaure, Lamy, Chardin, Vicq d'Azyr, Louis, Firmin Didot, La Porte Du Theil, Mérigot, de Cotte, Larcher, Anquetil-Duperron, Patu de Mello, Pâris, Morel-Vindé, Duriez, Scherer, Brochant, etc.

1987. — Divers catalogues de ventes du xviiie siècle,

ou du commencement de ce siècle. — 15 vol. in-8, la plupart reliés.

> Catalogues Méon, Trudaine, Suard, Larcher, Henri Justice, Hohendorf, Rover, etc.

1988. — Divers catalogues de ventes. 1792-1857, 11 vol. in-8, dem.-rel.

> Bibliothèques Choiseul, Praslin, Caillard, Boutourlin, Crozet, Lebas, etc.

1989. — Catalogues officinaux et de librairie des XVIIIe et XIXe siècles. — 33 vol., la plupart de format in-8 et reliés.

> Catalogues de Cramer, Cellier, Périsse, Roullet, Jombert, Koenig, Desaint, Barrois l'aîné, Moutardier, Renard, Bohaire, Toulouse, De Bure, Levrault, Aubry, Gancia, Bachelin, Liepmansohn, Willem, Jannet, Gouin, Labitte, Guillemot, etc.

1990. — Divers catalogues de ventes de livres effectuées à l'étranger, principalement en Belgique, de 1800 à 1874. — 13 vol. in-8, dem.-rel.

> Catalogues Brisart, Baudewyns, Rymenans, Van den Zande, Van der Linde, W. Tite, baron de Reiffenberg, J.-B. Lauwers, Borlunt de Nortdonck, de Hesdin, Scourion, Pieters, etc.

1991. — Divers catalogues de ventes publiés par Merlin, Delion, Chossonery. *Paris*, 1824-74. — Réunis en 11 vol. in-8, dem.-vél. bl.

> Catalogues Hurtault, Renouard, Nugent, Caillard, Chalabre, Désjobert, Chabrol, St-Albin, Sébastiani, Wolters, Eloi Johanneau, Depping, etc.

1992. — Catalogues de ventes contenant spécialement des éditions Elzéviriennes. *Paris*, 1824-58, recueil factice en 3 vol. in-8, dem.-vél. bl.

> Catalogues de Motteley, Sensier, Millot, Guillaume, etc.

1993. — Catalogues de bibliothèques publiques. 5 vol. in-8, dem.-vél. bl.

> Catalogue des doubles de la bibliothèque de Lyon. *Lyon*, 1831. — Catalogue de la bibliothèque de Limoges, par E. Ruben. Polygraphie, Belles-Lettres, Histoire. *Limoges*, 1858-60, 2 vol. — Bibliothèque de la Cour de Cassation. Jurisprudence. *Paris*, 1825. — Catalogue descriptif et raisonné des manuscrits de la bibliothèque d'Amiens, par J. Garnier. *Amiens*, 1843.

1994. — Catalogue des livres rares et précieux, au nombre de 14,435 lots, de la bibliothèque de Van de

Velde, bibliothécaire de Louvain, rédigé d'après son manuscrit, par Goesin-Verhaeghe. *Gand*, 1831-1832, 2 forts vol. in-8, dem.-rel. mar. n. — Catalogue des livres et manuscrits de la bibliothèque de Jonghe. *Bruxelles*. 1860. 2 vol. in-8, dem.-rel. vél. bl. (*Avec les prix d'adjudication*).

1995. — Catalogues relatifs à la Franc-Maçonnerie et aux sciences occultes. 1834-64. Recueil factice en un vol. in-8, dem.-vél. bl.

> Catalogues Lerouge, archives du rit Écossais, J. Kiéner, etc.

1996. — Catalogues de bibliothèques célèbres de ce siècle. 1834-70. — 12 vol. in-8, dem.-vél. bl.

> Catalogues Aimé-Martin, Prince d'Essling, Bignon, Auvillain, Armand Bertin, Renouard, Duchesse de Berry, Rachel, Quatremère, Ch. Nodier, Mommerqué, etc.

1997. — Catalogues de livres concernant particulière-ment la Normandie. 1836-63. Recueil factice en un vol. in-8, dem.-vél. bl.

> Catalogues Pluquet, Bunel, Le Chevalier, Le Prévost, Léchaudé d'Anisy, comte d'Auffay, Abel Vautier, etc.

1998. — Catalogue des livres de Pixérécourt (préface par Paul Lacroix). *Paris*, 1838, in-8, dem.-rel. v. fauve. (*Qq. prix et notes manuscrites au crayon de la main de P. Lacroix*).

> On y a ajouté du même, le catalogue des livres, manuscrits et autographes. 1849.

1999. — Catalogues divers en partie relatifs à l'Histoire de France. 1838-1861. 7 vol. in-8, dem.-vél. blanc.

> Catalogues Pihan de Laforest, Francisque Michel, Villenave, Monteil, Daunou, etc.

2000. — Catalogue de la bibliothèque d'Edchmiadzin (Arménie), publ. par Brosset, texte russe en regard. *St-Pétersbourg*, 1840, in-8, br.

2001. — Catalogues de livres galants et d'erotica. 1841-64. Recueil factice en un vol. in-8, dem.-vél. blanc.

> Catalogues Noël, Deneux, Grassot, Alvarès,

7

2002. — Divers catalogues officinaux ou de ventes publiés par Techener. *Paris*, 1841-1870, 15 vol. in-8, dem.-rel. vél. bl.

Catalogues Buvignier, Thiers, Despinoy, Rigaud, etc.

2003. — Divers catalogues publiés par Téchener. *Paris*, 1845-68. Réunis en 9 vol. in-8, dem.-rel.

Catalogues Cailhava, de Clinchamps, Lefèvre Dallerange, Gabr. Peignot, Ern. Feydeau, Buvignier de Verdun, Justin Lamoureux, Bergeret, etc.

2004. — Catalogue des accroissements de la Bibliothèque Royale en livres imprimés, en cartes, estampes et en manuscrits. *Brux.*, 1843-56, 16 fasc. in-8, br.

2005. — Divers catalogues de ventes publiés par Silvestre et P. Jannet, son successeur. *Paris*, 1843-55. Réunis en 5 vol. in-8, dem.-vél. bl.

Catalogues de Percy, Piot, Du Roure, Viollet-Leduc, Warenghien, Aimé Leroy, Verbest, Châteaugiron, La Jarrie, etc.

2006. — Catalogue de la bibliothèque de feu l'abbé C.-J. Le Quien de La Neufville, ancien vic.-général de Dax (rédigé par B. Hauréau). *Au Mans*, 1845, gros in-8, dem.-vél. bl., non rogné.

Bibliothèque importante composée de près de 8,000 articles. — Bel exemplaire sur PAPIER DE HOLLANDE, avec envoi : *A mon bon ami P. Lacroix*. B. HAURÉAU. »

2007. — Divers catalogues officinaux ou de ventes publiques publ. par Potier. *Paris*, 1846-1872, 16 vol. in-8, dem.-rel. vél. bl.

Catalogues des ventes Debure, Soleil, Chedeau, Veinant, etc.

2008. — Divers catalogues de ventes publiés par Potier. *Paris*, 1853-70. Réunis en 8 vol. in-8, dem.-vél. bl.

Catalogues Walckenaer, Radziwill, Giraud, Coste, baron Pichon, Chaudé, d'Haubersart, Taillandier, Sainte-Beuve, Costa de Beauregard, Brunet, Huillard.

2009. — Catalogues de ventes effectuées en province. 1843-74. Recueil factice en 3 vol. in-8, dem.-vél. bl.

Catalogues Le Gentil de Quélern, de Brest ; Grille, d'Angers ; Clément, de Valenciennes ; Drion, de Strasbourg ; de Langalerie, d'Orléans ; Harmand, de Troyes ; Dreyfus, de Besançon, etc.

2010. — Divers catalogues de ventes publiques. 1846-1855, 9 vol. in-8, dem.-rel. vél. bl.

Catalogues Chénedollé, Despinoy, Louis-Philippe, Quatremère de Quincy, Baudelocques, etc.

2011. — Catalogues officinaux de la librairie Tross. *Paris*, 1851-1875, 5 vol. in-8, dem.-rel. vél. bl. et 36 catalogues en livraisons.

2012. — Divers catalogues de ventes publiés par Aubry. *Paris*, 1852-74. Réunis en 6 vol. in-8, dem.-vél. bl.

Catalogues Van der Mulhen, Houbigant, Vict. Foucher, Thiercelin, Mornay, Hottenier, etc.

2013. — Divers catalogues de ventes faites à Paris. 1854-84, 15 vol. in-8, br.

Catalogues Yemeniz, Burnouf, Morante, La Bédoyère, Taylor, Ed. Fournier, Schneighoeuser, Raspail, Guy-Pellion, Defrémery, Laboulaye, Thonnelier, etc.

2014. — Catalogues sur les sciences mathématiques. 1854-81, 2 vol. in-8, rel. et br.

Catalogues Olivier, Arago, Héricart de Thury, Daguin, Chasles, etc.

2015. — Notice par ordre alphabétique des noms d'auteurs des livres composant une petite bibliothèque (par Gérusez). *Pondichéry*, 1857, in-4, br.

2016. — Catalogues de livres rares et curieux publ. par Alvarès. *Paris*, 1856-1862, 8 vol. in-16, dem.-rel. vél. bl.

2017. — Divers catalogues officinaux ou de ventes publiques, publ. par A. Claudin. *Paris*, 1858-1869. — Catalogues des ventes Luzarche ; d'un château de Lorraine. *Paris*, 1862, etc., etc. 16 vol. in-8, dem.-rel.

2018. — Divers catalogues de ventes publiés par François. *Paris*, 1859-56. Réunis en 3 vol. in-8, dem.-vél. bl.

Catalogues Scalini, Rostan, Ferraris, Marréca, de Périer, Linder, etc.

2019. — Catalogue de la bibliothèque de M. Léopold Double (avec préface par P. Lacroix). *Paris*, *Té-*

chener, 1863, in-8, rel. pleine en mar. rouge du Levant, jansén.. dent. int., tr. dor.

2020. — Divers catalogues de ventes publiés par La-bitte. *Paris*, 1865-74. Réunis en 10 vol. in-8, dem.-vél. bl.

> Catalogues Des Vergers, Eglée. Teulet, doct. Bazin. Caussin de Per-ceval, Tufton, Payen, Vincent, Maurice, Moquin-Tandon, Laborde, Rug-gieri, Merlier, Lescoët, Pasquier, etc.

2021. — Catalogue des livres et manuscrits compo-sant la bibliothèque de M. Félix Solar (rédigé par P. Deschamps). *Paris, Didot*, 1860, gr. in-8, pap. de Hollande, br.

> Tome 1er seul paru. Ce catalogue, tiré à très petit nombre, n'est pas le même que celui de la vente ; il contient beaucoup plus de développe-ments.

2022. — Recueil de catalogues concernant plus parti-culièrement l'histoire de Paris et des villes de France, en 4 vol. in-8, dem.-vél. bl.

> Catalogues Leroux de Liney, Paul Lacroix, Faucheux, Rébillot, Gil-bert, Grésy, Prioux, de Meixmoron, etc., etc.

2023. — Catalogues de la librairie Aug. Fontaine, la plupart avec préfaces de Paul Lacroix. *Paris*, 1870-79, 7 vol. gr. in-8, br.

2024. — Bibliothèque impériale publique de St-Pé-tersbourg. — Catalogue de la section des Russica ou écrits sur la Russie en langues étrangères. *St-Pétersbourg*, 1873, 2 forts vol. gr. in-8, br.

> Catalogue important rédigé par le comte de Korff. — Envoi à P. La-croix.

2025. — Catalogues de la librairie Morgand et Fa-tout. *Paris*, 1876-1882, 16 vol. ou fascic. in-8, br.

2026. — Catalogue des livres, des manuscrits et des autographes compos. la bibliothèque de feu Edouard Fournier. *Paris*, 188', in-8, br.

> Exemplaire sur PAPIER DE HOLLANDE, avec portrait d'Edouard Four-nier dessiné par son fils, artiste distingué, et cet envoi : « *A M. Paul Lacroix, hommage et souvenir*. CLAIRE-EDOUARD FOURNIER. »

2027. — Divers catalogues de ventes. — 50 vol. in-8, dem.-vél. bl.

Catalogues Aimé-Martin, Baillot, Jollois, Bourdignon, Libri, Gancia, Taylor, Libri, Gancia, Piot, de Coislin, Baschet, De La Size, Galitzin, Monteil, Montaran, Barrois, De Manne, Costabili, Dinaux, Dancoisne, Durand de Lançon, Lebas, Tenant de Latour, Barrois, Lairtuillier, Corbière, Altamira, Marquis Le Ver, Souquet de la Tour, Labouderie, Lerouge, Lécuy, La Renaudière, Barbié du Bocage, Erdeven, De Bure, Beuchot, Warée, Villemain, Fossé d'Arcosse, Crapelet, baron de Vincent, P. Jannet, Bellier de la Chavignerie, Courbonne, Bouju, comte Kalnocky, Clicquot, Lassus, Texier, Turquety, etc.

HISTOIRE

I. — GÉOGRAPHIE, VOYAGES. — HISTOIRE

ANCIENNE.

2028. — Géographie ancienne et historique des Gaules, par Walckenaer. *Paris*, 1862, 2 vol. in-12, br.

2029. — Nouv. description de la France, par Piganiol de la Force. *Amsterdam*, 1719, 6 vol. in-12, v. f.

2030. — Voyages en France et autres pays, par Racine, La Fontaine, Regnard, Chapelle et Bachaumont, Voltaire, Piron, Parny, etc. *Paris*, 1808, 5 vol. in-18, avec 36 planches grav. d'après Monnet, Duplessis-Bertaux, Fragonard, Marillier, etc., bas. rac.

2031. — Petit tableau de la France ou cartes géograph. sur toutes les parties de ce royaume, suiv. d'une description abr. de la France, par Bonne. *Paris*, 1764, 2 part. pet. in-12, cartes grav. et color. en un vol., v. m. — Dictionnaire hydrographique de la France, par Moithey. *Paris*, 1787, in-8, v. f., tr. dor.

2032. — Etat général des postes et relais de l'Empire Français, suivi de la carte des routes desserv. en poste, avec désignat. des relais et des distances. *Paris, Imp. Impér.*, 1808, in-8, mar. r., gardes en soie, dos et plats ornés, tr. dor. (*Aux armes im-périales*).

2033. — Voyage en Angleterre, pend. les années 1810 et 1811, av. des observat. sur l'état politique et moral, les arts et la littérature de ce pays, et sur les mœurs et usages de ses habitants, par L. Simond, orné de 15 planches à l'aqua-tinte et de 13 vignettes. *Paris*, 1817, 2 vol. in-8, dem.-rel. v. rose.

2034. — Voyaige d'Oultremer en Jérusalem, par le seigneur de Caumont en l'an 1418, publ. par le marq. de La Grange. *Paris*, 1858, in-8, br.

2035. — Relations inédites des Missions de la Compagnie de Jésus à Constantinople et dans le Levant au xviiie siècle, publiées par le Prince Aug. Galitzin. *Poitiers*, 1864, in-8, br. — En Orient, impressions et réminiscences (par Sabatier). *St-Pétersbourg*, 1867, 2 vol. in-8, br.

2036. — A travers la Kabylie, par Ch. Farine, orné de 45 compositions dessin. d'après nature. *Paris*, s. d., gr. in-8, br. — Atlante per servire al diario di un viaggio in Arabia Petrea di G. Visconti. *Torino*, 1872, in-4, cart., perc. r. (*Envoi d'auteur signé*).

2037. — Recherches sur la priorité de la découverte des pays de la côte occidentale d'Afrique, par le Vte de Santarem. *Paris*, 1842, in-8, br.

2038. — Beschreibung der Ermittelung des Hohenunterschiedes zwischen dem Schwarzen und dem Caspischen Meere, etc. (Description des travaux de nivellement entre la Mer Morte et la Mer Caspienne, exécutés en 1836 et 1837, par G. Fus, A. Sawitsch, etc., publ. par G. Sabler). *S.Petersburg*, 1849, in-4, br.

2039. — Dr A. Th. V. Middendorff's Sibirische Reise. *St-Petersburg*, 1848-53, 3 tom. en 8 fascic. in-4, br.

2040. — Alex. Castren's Reiseeirinnerungen. (Souvenirs de voyage de Alex. Castren, pendant les années 1838 à 1844, publ. par A. Schiefner). *St-Petersburg*, 1853, in-8, br.

2041. — Lettre de Christophe Colomb sur la découverte du Nouveau-Monde, trad. par De Rosny. *Paris*, 1865, in-8, br.

2042. — Recherches sur les voyages des navigateurs Normands, par Estancelin. *Paris*, 1832, in-8, br. (*Mouillé*). — Relation du voyage du capitaine de Gonneville aux Indes en 1503, publ. par d'Avezac. *Paris*, 1869, in-8, br.

2043. — Histoire d'Hérodote, traduct. de P. Saliat, revue par Talbot. *Paris*, 1864, in-8, br. — Hist. d'Alcibiade et de la République Athénienne, par H. Houssaye. *Paris*, 1874, 2 vol. in-12, br. (*Envoi d'auteur signé*).

2044. — Histoire de Jules César (par Napoléon III). *Paris*, 1865-1866, 2 vol. gr. in-4, br.

2045. — Alise. Etudes sur une campagne de Jules César, par Rossignol. *Dijon*, 1856, in-4, br.

2046. — Relations politiques et commerciales de l'Empire Romain avec l'Asie Orientale, par Reinaud. *Paris*, 1863, in-8, br. — Les Césars de Palmyre, par Lucien Double. *Paris*, 1877, in-8, br.

II. — HISTOIRE DE FRANCE.

2047. — Mémoires historiques, critiques, et anecdotes des Reines et Régentes de France, par Dreux du Radier. *Paris*, 1808, 6 vol. in-8, br.

2048. — Summa historiæ Gallo-Franciciæ civilis et sacræ edita à Joh. Mich. Lorenz. *Argentorati*, 1790-93, 4 tom. en 3 vol. in-8, bas. rac.

2049. — Histoire Nationale ou annales de l'Empire Français, depuis Clovis jusqu'à nos jours. *Paris*, 1792, 5 vol. in-12, portraits et costumes gravés, v.

2050. — La Gaule poétique ou l'hist. de France consid. dans ses rapports avec la poésie, l'éloquence et les beaux-arts, par de Marchangy. *Paris*, 1819, 8 vol. in-8, v. rac., fil.

2051. — Mœurs et vie privée des Français, dans les prem. siècles de la monarchie, par de La Bédollière. *Paris*, 1855, 3 vol. in-8. br.— Mémoires pour servir à l'histoire des mœurs et usages des Français, dep. les plus hautes conditions jusqu'aux classes inférieures de la société, par Ant. Caillot. *Paris*, 1827, 2 vol. in-8, dem.-rel. (*Tachés*).

2052. — Dictionnaire encyclopédique de la France, par Ph. Le Bas. *Paris*, 1840-1845, 12 vol. de texte et 3 vol. de planches. — Annales historiques de la France, par le même. *Paris*, 1843, 2 vol. — Ens. 17 vol. in-8, dem.-rel. bas.

2053. — Annuaires historiques publ. par la Société de l'Histoire de France, 1837-1863. 25 volumes in-18. br.

    Manquent les années 1838 et 1847.

2054. — Histoire des Français des divers États, par Monteil. *Paris*, 1853, 5 vol. in-8, dem.-rel.

2055. — Histoire de l'ancienne infanterie française, par L. Susane. *Paris*, 1849-1853, 8 vol. in-8, dem.-rel. vélin bl. (*Mouillures*).

2056. — Histoire des Conseils du Roi, depuis l'origine de la monarchie, par De Vidaillan. *Paris*, 1856, 2 vol. in-8, br.

2057. — Première entrevue de Clovis et de Clotilde, par Douge. *Troyes*, 1854, in-8, br. — Sur la naissance de Charlemagne à Liège, par F. Hénaux. *Liège*, 1848, in-8 de 63 pag. (*Envoi d'auteur signé*). — Doutes historiques sur le sort du petit roi Jean, par Monmerqué. *Paris*, 1844, broch. in-4. (*Hommage d'auteur à P. Lacroix*).

2058. — Charles VII et ses conseillers, 1403-1461, par Vallet de Viriville. *Paris*, 1859, in-8 de 63 pag. —

Agnès Sorel, par Vallet de Viriville. *Paris*, 1855, in-4 de 42 pag. (*Envoi signé*).

2059. — Jacques Cœur, argentier de Charles VII, par le baron de Bildelberck. *Paris*, 1836, 2 vol. in-8, br.

2060. — La vérité sur Jeanne d'Arc, par Caze. *Paris*, 1819, 2 vol. in-8, cart.

2061. — Mémoires de Philippe de Commines, conten. l'histoire des rois Louis XI et Charles VIII (1464-1498), augm. de pièces nouvelles par Godefroy. *Brusselles*, 1723, 5 vol. in-8, portraits, v.

2062. — Œuvres historiques inédites de Jehan Chastellain (1419-1468), publ. par Buchon. *Paris*, 1837, gr. in-8, dem.-rel. — Lettres et négociations de Philippe de Comynes, publ. avec comment. par K. de Lettenhove. *Bruxelles*, 1867-68, 2 vol. in-8, br

2063. — Discours historique sur le caractère et la politique de Louis XI (par Brizard). *Paris, an II*, in-8, v. m.

On a relié dans le même vol. : *Essais historiques sur la vie de Marie-Antoinette d'Autriche. Londres*, 1789.

2064. — Campagne et bulletins de la grande armée d'Italie, commandée par Charles VIII, 1494-1495, publ. par de la Pilorgerie. *Nantes*, 1866, in-12, br. — La prophécie du roi Charles VIII, par Maître Guilloche Bourdelois, publ. sur le manuscrit unique par le marquis de la Grange. *Paris*, 1879, in-12, br.

2065. — Vie de la Reine Anne de Bretagne, femme de Charles VIII et Louis XII, suiv. de lettres inédites, par Leroux de Lincy. *Paris, Curmer*, 1860, 3 vol. in-8, br., et atlas dans un carton.

Envoi d'auteur signé.

2066. — Papiers des Pot-de-Rhodes, 1529-1648, publ. avec introduction, par Hiver. *Paris*, 1864, in-8, br.

2067. — Histoire du seizième siècle en France, par

7.

Paul L. Jacob (P. Lacroix). *Paris*, 1834-35, 4 vol. in-8, br.

Envoi autogr. signé de l'auteur : *A mon ami Gustave Albitte.*

2068. — Journal des choses mémorables advenues durant le règne de Henri III, roi de France et de Pologne (par P. de l'Estoile). *Cologne*, 1720, 2 tom. en 4 vol. pet. in-8, avec fig. et portraits à l'eau-forte par Harrevyn, v. br. (*Aux armes*).

2069. — Etude sur l'amiral Coligny, par J. Tessier. *Paris*, 1872, in-8, br.

Envoi d'auteur signé à P. Lacroix.

2070. — Mémoires authentiques de Jacques Nompar de Caumont, duc de La Force, maréchal de France, et de ses deux fils, mis en ordre par le marquis de La Grange. *Paris*, 1843, 4 vol. in-8, dem.-rel. mar. r.

2071. — Histoire d'Henri le Grand, par Hardouin de Péréfixe. *Paris*, 1823, in-8, br. — Correspondance de Henri IV avec Roussat, maire de Langres. *Paris*, 1816, in-8, br. — La petite Henriade, poème en dix chants, par Maizony de Lauréal. *Paris*, 1845, in-8, dem.-mar. r. — Lettres inédites de Henri IV et de plus. personnages, publ. par Sérieys. *Paris*, 1802, in-8, cart.

2072. — Journal des guerres civiles de Dubuisson-Aubenay, 1648-1652, publ. par Gust. Saige. *Paris*, 1883, in-8, br. (*Tome I*er).

2073. — Mémoires sur la vie publique et privée de Fouquet, surintendant des finances, d'après ses lettres et des pièces inéd., par Chéruel. *Paris*, 1862, 2 vol. in-12, cart., non rogn.

2074. — Véritables mémoires de Marie de Mancini, réimprimés avec notes, par G. d'Heilly. *Paris*, 1881, in-12, br. — Mémoires de M. de Coulanges, publ. par Monmerqué. *Paris*, 1820, in-12, br. — Notes de d'Argenson, lieutenant de police. *Paris*,

1866, in-12, br. — La mort de Louis XIV, par Danglau. *Paris*, 1858, broch. in-8.

2075. — L'homme au masque de fer, par Paul L. Jacob (P. Lacroix). *Paris*, 1837, in-8, br.

2076. — Mémoires inédits de L. H. de Loménie, comte de Brienne, avec un essai sur les mœurs et sur les usages au xviie siècle, par F. Barrière. *Paris*, 1828, 2 vol. in-8, br.

2077. — Mémoires et lettres du maréchal de Tessé, conten. des anecdotes et des faits historiques inconnus, sur une partie des règnes de Louis XIV et de Louis XV. *Paris*, 1806, 2 vol. in-8, br.

2078. — Mémoires et correspondance du maréchal de Catinat, publ. d'après les mss. autographes, par Le Bouyer de St-Gervais. *Paris, s. d.*, 2 vol. in-8, fig., dem.-rel., non rogn.

2079. — Mémoires du duc d'Angoulême. *Paris*, 1756, 2 vol. in-12, v.

2080. — Etat de la France, dans leq. on voit tout ce qui regarde le gouvernem. ecclésiastique, le militaire, la justice, les finances, le commerce, les manufactures, le nombre des habitants, etc., par le Cto de Boulainvilliers. *Londres*, 1737, 6 vol. in-12, fig. et carte, v. fauve.

2081. — Mémoires de la duchesse de Brancas sur Louis XV et Mme de Châteauroux, publ. avec notes par L. Lacour. *Paris*, 1862, in-12, br. (*Envoi à P. Lacroix*), — Mémoires du duc de Lauzun (1747-83), publ. par L. Lacour. *Paris*, 1858, in-12, br.

2082. — Mémoires du maréchal duc de Richelieu, pour servir à l'histoire des Cours de Louis XIV, de Louis XV et Louis XVI. *Paris*, 1790, 4 vol. in-8, bas. marb.

2083. — Mémoires du maréchal duc de Richelieu. *Paris*, 1793, 9 vol. in-8, portraits et cartes, dem.-rel. bas. ant.

2084. — Confessions d'un homme de Cour, contemporain de Louis XV, révélations historiques sur le xviiie siècle, publ. par J. Dusaulchoy et Charrin. *Paris*, 1830, 5 vol. in-12. dem.-rel. percal. r.

2085. — Anecdotes échappées à l'observateur anglais et aux mémoires secrets, en forme de correspondance. *Londres*, 1788, 3 vol. in-12, v. marb., fil.

2086. — Mémoires secrets de Bachaumont, de 1762 à 1787, avec notes par Ravenel. *Paris*, 1830, 2 vol. in-8, br.

2087. — Anecdotes secrètes du xviiie siècle, rédig. d'après la correspondance secrète, politique et littéraire, pour faire suite aux mémoires de Bachaumont. *Paris*, 1808, 2 vol. in-8, dem.-rel.

2088. — Souvenirs d'un homme de Cour ou mémoires d'un page écrits en 1788. *Paris*, 1805, 2 vol. in-8, v. f. — Mémoires de Leveneur de Tillières, publ. par Hippeau. *Paris*, 1862, in-12, br.

2089. — Mémoires historiques de Jeanne de Vaubernier, comtesse Du Barry, maîtresse de Louis XV, par De Favrolle. *Paris*, 1803, 2 vol. in-12, portrait, dem.-rel.

2090. — Mad. du Barry, par Leroi. *Versailles*, 1858, in-8, figures, br.

2091. — Histoire de Mad. Du Barry, d'après ses papiers personnels et les documents des archives publiques, par Vatel. *Versailles*, 1883, 3 vol. in-12, br.

2092. — Mémoires historiques et politiques du règne de Louis XVI. dep. son mariage jusqu'à sa mort, par J. L. Soulavie. *Paris*, 1801, 6 vol. in-8, br.

2093. — Introduct. à la Révolution servant de préliminaire aux Révolutions de Paris. *Paris*, 1790, in-8, fig. dem.-rel. — Révolutions de Paris, par Prudhomme. *Paris*, 1789-1793, 224 numéros en 17 vol. in-8. avec gravures et cartes, dem.-rel.

2094. — Relation de la défense de la Bastille, par l'invalide Guïot. *Paris, s. d.*, plaquette in-8.

2095. — Almanach royal pour 1792. *Paris*, 1792, in-8, v.

2096. — Le pour et le contre, recueil complet des opinions prononc. à l'Assemblée dans le procès de Louis XVI, on y a joint toutes les pièces authentiques de la procédure. *Paris, an I* (1792), 7 vol. in-8, v. rac., lil.

2097. — Journal de ce qui s'est passé à la Tour du Temple pendant la captivité de Louis XVI, par Cléry. *Paris*, 1814, avec 4 fig. — L'ange des prisons (Louis XVII), élégide par Regnault-Warin. *Paris*, 1817, avec romances gravées.— Ens. 2 ouv. en 1 vol. in-12, bas. marbr. — Marie-Antoinette à la Conciergerie, pièces originales conserv. aux Archives, publ. par E. Campardon. *Paris*, 1863, in-12, br.

2098. — Facéties révolutionnaires sur Mme de Polignac. *Neufchâtel*. 1872, pet. in-12, br.

2099. — L'ami des Patriotes ou le défenseur de la Révolution, ouvrage périodique. *Paris, décembre* 1790 à *juillet* 1791. 32 numéros en 2 vol. in-8, dem.-rel.

2100. — Mémoires historiques de Marie-Thérèse-Louise de Carignan, princesse de Lamballe, publ. par Mme Guénard. *Paris*, 1801, 4 tom. en 2 vol. in-18, portr., dem.-rel. vél. bl., tr. sup. dor., non rogn. (*Taché*). — Lettres choisies de Ch. Villette sur les princip. événements de la Révolution. *Paris*, 1792, in-8, portr., bas. marbr.

2101. — Dossier historique de Charlotte de Corday, documents inédits, avec 2 gravures et 2 plans. *Paris*, 1872. — Note sur l'authenticité du portrait de Charlotte de Corday, par Hauer. — Note et renseignement sur le fac-simile de la lettre de Charlotte de Corday à Barbaroux. — Portrait et fac-simile du procès de Charlotte de Corday. — Ensemble 3 broch. gr. in-8, br., et fig. gr. in-4.

Avec envoi ainsi formulé : « *A M. Paul Lacroix, hommage d'une vive admiration pour ses beaux travaux, et d'une entière sympathie, de la part de son dévoué et respectueux* C. Vatel. »

2102. — Charlotte de Corday et les Girondins, pièces classées et annotées par Ch. Vatel. *Paris*, 1874-1872, 3 vol. in-8, br.

2103. — Recherches historiques sur les Girondins, Vergniaud, manuscrits, lettres et papiers, par Vatel. *Paris*, 1857, 2 vol. in-8, br.

Envoi d'auteur.

2104. — Histoire des Girondins et des massacres de septembre, par Granier de Cassagnac. *Paris*, 1860, 2 vol. in-8, br.

2105. — Dictionnaire néologique des hommes et des choses ou notices alphabétiques des hommes de la Révolution qui ont paru à l'auteur les plus dignes d'attention, par le Cousin Jacques (Beffroy de Reigny). *Paris, an VIII*, 2 vol. in-8, dem.-rel.

Tout ce qui a paru. Lettres A—CALUS.

2106. — Lettres de la Vendée, écrites en fructidor an III jusqu'au mois de nivôse an IV. *Paris*, 1801, 2 tom. en un vol. in-12, fig., dem.-rel. vél. bl., tr. sup. dor.

2107. — Histoire secrète de la Révolution Française, conten. une foule de particularités peu connues et des extraits de tout ce qui a paru de plus curieux sur la Révolution Française, par Franç. Pagès. *Paris*, 1800-1802, 7 vol. in-8, dem.-rel.

2108. — La vie et les crimes de Robespierre, surnommé le tyran, dep. sa naissance jusqu'à sa mort, par Le Blond de Neuvéglise. *A Augsbourg*, 1795, in-8, br.

2109. — Lettres de Coray au protoplaste de Smyrne, sur la Révolution Française (1782-1793), trad. du grec par le Mis de Queux de St-Hilaire. *Paris*,1880, in-8, br.

2110. — Mémoires pour serv. à l'hist. du Jacobinisme. par l'abbé Barruel. *Hambourg*, 1803, 5 vol. in-8, br.

2111. — Mémoires relatifs à l'Histoire de France.*Paris*, 1865-1878, 8 vol. in-12, br.

> Mémoires de madame d'Epinay. — Mémoires de Brissot. — Mémoires sur l'émigration, la Vendée, etc.

2112. — Esquisses historiques des principaux événemens de la Révolution Française, par Dulaure, orn. de 108 gravures. *Paris*, 1825-26, 6 vol. in-8, dem.-rel. v. bl.

2113. — Les véritables prophéties de Mich. Nostradamus, en concordance avec les événements de la Révolution, pend. les années 1789 et suiv., jusques et y compris le retour de Louis XVIII, par L. P**. *Paris*, 1816, 2 vol. in-12, avec 2 planches, dem.-rel. vél. bl., tr. sup. dor., non rogn. (*Tachés*).

2114. — Le souvenir d'un jeune prisonnier ou mémoires sur les prisons de la Force et Duplessis, pour serv. à l'hist. de la Révolution. *Paris,an III*, in-18, mar. viol., tr. dor. — Les infortunes de M. de la Galetière pend. le régime décemviral, conten. ses persécutions, sa fuite sous Robespierre, son naufrage et son séjour dans une ile déserte, suiv. de son retour en France, par Rosny. *Paris*, 1797, in-18, fig., dem.-rel. vél. bl., tr. sup. dor. — Journal d'un déporté non jugé. *Paris*, 1835, 2 vol. in-8, br.

2115. — Mémoires pour servir à l'histoire de la maison de Condé (par de Sévelinges). *Paris*, 1820, 2 vol. in-8, portraits et fac-simile, bas. rac. — Les princes de la Maison Roy. de Savoie, par Ed. de Barthélemy. *Paris*, 1860, in-12, br.

2116. — Naundorff ou mémoire à consulter sur l'intrigue du faux Louis XVII, par Thomas. *Paris*,

1837, in-8, br. — Mémoire d'un contemporain que la Révolution fit orphelin en 1793. *Paris*, 1846, in-8, br.

2117. — Histoire de la Société Française sous le Directoire, par Ed. et J. de Goncourt. *Paris*, 1855, in-8, br.

2118. — Le duc de Bassano, souvenirs de la Révolution et de l'Empire, publiés par Madame De Sor. *Paris*, 1844, 2 vol. in-8, br.

2119. — Mémoires secrets et inédits, pour servir à l'hist. contemporaine, par Nielle, Sargy, le Cte de Beauvollier, Turpin de Crissé, etc., rec. et mis en ordre par Alph. de Beauchamps. *Paris*, 1825, 2 vol. in-8, dem.-rel.

2120. — Napoléon Ier. — 11 vol. in-8, br. et rel.

Etudes sur Napoléon, par Baudus. *Paris*, 1844. — Témoignages historiques, par Desmarets. *Paris*, 1833. — Napoléon, sa famille, ses amis, ses généraux, par un ex-ministre. *Paris*, 1840, 4 vol. in-8, dem.-rel; — Bonaparte au Caire. *Paris*, an VII. — Souvenirs d'un officier de la Grande-Armée, par Montigny. *Paris*, 1833, in-8, dem.-rel. — Etc ..

2121. — Histoire de Napoléon, par Elias Regnault. *Paris*, 1846, 4 vol. in-12, dem.-rel. v. bleu, non rogn.

2122. — Le Moniteur secret ou tableau de la Cour de Napoléon, de son caractère et de celui de ses agents (par J.-B. Couchery). *Londres*, 1814, 2 tom. en un vol. in-8, dem.-rel. mar. v.

2123. — Recueil de pièces officielles destinées à détromper les Français, par Schoell. *Paris*, 1814, 9 vol. in 8, dem.-rel.

2124. — Les Cent jours, mémoires pour servir à l'histoire de Napoléon, par Fleury de Chaboulon. *Londres*, 1820, 2 vol. in-8, dem.-bas. — Nouv. éclaircissements sur la conspiration du 20 mars et sur l'histoire des Cent jours (par Fleury de Chaboulon). *Paris*, 1821, 2 vol. in-8, br.

2125. — Histoire des sociétés secrètes de l'armée (par Rigomer, Bazin et Ch. Nodier). *Paris*, 1815, in-8, dem.-rel.

2126. — Annuaires anecdotiques ou souvenirs contemporains. *Paris*, *années* 1827-28 et 29, 3 vol. in-12, dem.-rel. vél. bl., tr. sup. dor., non rogn. — Petit almanach législatif ou la vérité en riant sur nos députés. *Paris*, 1820, in-12, br. (*Mouillures*).

2127. — Mémoires pour tous. Collection de souvenirs contemporains. *Paris*, 1834-1837, 6 vol. in-8, br. — Chroniques contemporaines, par Alph. Viollet. *Paris*, 1837, in-8, br.

2128. — Le roi Louis-Philippe. Liste civile, par le Cte De Montalivet. *Paris*, 1851, in-8, dem.-rel. — Maria Stella ou échange criminel d'une demoiselle da plus haut rang contre un garçon de la condition la plus vile. *Paris*, 1830, in-8, br. — La maison d'Orléans devant la légitimité et la démocratie, par Laur. de l'Ardèche. *Paris*, 1861, in-8, br.

2129. — Choix de pétitions de M. Vernay pour le rappel de la famille de Napoléon. *Paris*, 1853, in-8, br.

> Envoi d'auteur signé.

2130. — L'espion de police ou mémoires du Cte Léoni de Mortain, ex-agent de la police secrète, écrits pendant et après sa captivité en 1845 et 1846, par C. D'Haine. *Paris*, 1846, 2 t. en un vol. in-8, dem.-rel.

2131. — L'Almanach du mois, revue de toutes choses, par des députés et des journalistes. *Paris*, 1844-1846, 5 vol. in-12, cart.

2132. — Le mois, résumé mensuel, historique et politique de tous les événements jour par jour, heure par heure, rédigé par Alex. Dumas. *Paris*, *mars* 1848 à *décembre* 1849, 24 numéros en un vol. in-4, dem.-rel.

2133. — Histoire des sociétés secrètes et du parti républicain de 1830 à 1848, portraits, scènes de conspirations, faits inconnus, par L. De La Hodde. *Paris*, 1850, in-8, br. — Souvenirs et impressions d'un journaliste, par Nougnier. *Paris*, 1860, in-8, br. — La République dans les carrosses du Roi, par L. Tirel. *Paris*, 1850, in-8, br. — La XIe légion à Londres. *Paris*, 1849, in-8, br.— L'armée et la garde nationale, par le baron Poisson. *Paris*, 1859, 4 vol. in-8, br.

III. — HISTOIRE DE PARIS.

A. — *Topographie et Histoire*

2134. — Etude histor. et topographique sur le plan de Paris de 1540, dit plan de tapisserie, par Alf. Franklin. *Paris*, 1860, pet. in-8, pap. vergé, avec un plan, br.

Envoi de l'éditeur à P. Lacroix.

2135. — Voyage de Lister à Paris, 1598, trad. pour la prem. fois et publ. par la Société des Bibliophiles français ; on y a joint des extraits des ouvrages d'Evelyn relatifs à ses voyages en France. *Paris*, 1873, gr. in-8, br.

2136. — Séjour de Paris, c'est-à-dire instructions fidèles pour les voiageurs de condition, comment ils se doivent conduire s'ils veulent faire bon usage de leur tems et argent durant leur séjour à Paris, comme aussi une discipline de la Cour de France, du Parlement, de l'Université, des académies et bibliothèques, avec une liste des plus célèbres savans, artisans qu'on trouve dans cette grande et fameuse ville, par le Sr J. C. Nemeitz. *Leide*, 1727, 2 vol. in-12, nombr. fig. d'anciens monuments de Paris, v. marbr.

2137. — Le Géographe parisien ou le conducteur chronolog. et histor. des rues de Paris (par Le

Sage). *Paris*, 1769, 2 vol. in-8, av. plans, dem.-rel., non rogn.

2138. — Topographie historique du vieux Paris, par Ad. Berty et H. Legrand (Région du Louvre et des Tuileries). *Paris, Imp. imp.*, 1866-1868, 2 vol. gr. in-4, avec 39 planches, 11 bois et 2 héliogr., br.

2139. — Paris, 6 vol. in-12, rel. et br.

    Almanach du voyageur (par Thiéry). *Paris*, 1784. — Voyage de Jodocus Sincerus. *Paris*, 1859. — Les Sièges de Paris, par Bovel d'Hauterive. *Paris*, 1881, etc.

2140. — Le Théâtre des antiquités de Paris, où est traicté de la fondation des églises et chapelles de ladite ville et diocèse de Paris, fondation de l'Université, colléges et autres choses remarquables, par J. Du Breul, religieux de S. Germain. *Paris*, 1612, in-4, v. (*Rel. fatiguée.*)

2141. — Description historique de la ville de Paris, par Piganiol. *Paris*, 1755, 10 vol. in-12, fig. v.

2142. — Paris. — 6 vol. in-12, v.

    Curiosités de Paris, Versailles et Saint-Cloud, 1716. — Nouv. description de Paris, par Brice. 1706, 2 vol. — Curiosités de Paris, par Dulaure. *Paris*, 1787, etc,

2143. — Tableau de Paris (par Mercier). *Amsterd.*, 1783-1788. 12 vol. in-8, cart., non rogn.

2144. — Dictionnaire historique de Paris, par Béraud et Dufey. *Paris*, 1825, 2 vol. in-8, br.

2145. — Histoire de Paris, ses révolutions, ses gouvernements et ses événements, suiv. de l'hist. des environs, par Touchard Lafosse. *Paris*, 1853, 6 vol. — Hist. de Paris de 1841 à 1852, par Jacq. Arago. *Paris*, 1855, 2 vol. — Ensemble 8 vol. gr. in-8, port. et fig., br.

2146. — Journal du siège de Paris en 1590, rédigé par un des assiégés, préc. d'une étude sur les mœurs et coutumes des Parisiens au xvie siècle, par Alf. Franklin. *Paris*, 1876, pet. in-8, avec une planche, br.

2147. — Mémoire historique et littéraire sur le Collège Royal de France, par l'abbé Gouget. *Paris*, 1758, 3 vol. in 12, v. marb.

2148. — Paris. — 10 volumes in-12, v.

    Curiosités de l'église de Paris, par G. (Gueflier). 1763. — Mémorial parisien, par Dufey. 1821. — Description de Versailles et Marly, 1701. — Description de Paris, par Germ. Brice. 1752. 4 vol. — Itinéraire parisien, par Allen. 1803, etc.

2149. — Almanach historique des architectes, peintres, sculpteurs, graveurs et ciseleurs. *Paris*, 1776-1777, 2 vol. pet. in-12, v. — Guide des amateurs à Paris, par Thiéry. *Paris*, 1787, 2 vol. in-12, v. — Almanach du voyageur à Paris. *Paris*, 1784, pet. in-12, cart.

2150. — Paris.— 8 volumes in-12, rel. et br.

    Paris en miniature. 1784. — Manuel du voyageur aux environs de Paris, 1802. — Le Cicérone parisien. 1808. — Dictionnaire des rues de Paris, par La Tynna. 1817, etc.

2151. — Bibliothèque Nationale. — Recueil factice de pièces, publ. de 1795 à 1839, 1 vol. in 8, dem.-rel.

    Rapport et projet de décret présent. au nom du comité d'instruct. publ., sur l'organisation de la Bibliothèque nationale, par Villar. *An IV.* — Trois lettres des conservateurs de la Bibliothèque Royale sur l'ordonnance du 22 février 1839 relative à cet établissement. *Paris*, 1839. — La Bibliothèque du Roi, par Ch. Dunoyer. *Paris*, 1839. — Ordonnante du Roi et règlement concernant la Bibliothèque Royale. *Paris*, 1839.

2152. — Paris. — 11 volumes in-12, relié et broché.

    Voyage au Jardin des Plantes, par Jauffret. *Paris*, *An VI*. — Les Bals publics à Paris, par Rosier. 1860. — Les plaisirs de Paris. *Paris*, 1867. — Le conducteur de l'étranger, par Marchand. *Paris*, 1815. — Etc.

2153. — Mémoire sur les hôpitaux civils de Paris, par Claverau, architecte. *Paris*, 1805, in-8, planches, dem.-rel. — Flore de Paris, genera et spécies, première application faite du nouveau système floréal aux plantes vivantes. *Paris*, 1835, in-8, fig., br.

2154. — Paris. 5 vol. in-8 et in-12, cart. et br.

> Recherches statistiques sur Paris. *Paris*, 1821. — Notice sur la paroisse Saint-Nicolas-des-Champs, par Pascal. *Paris*, 1841. — Tableau de Paris, par Mercier. *Paris, s. d.* — Le rideau levé, coup d'œil sur les prisons. *Paris*, 1815. — Mœurs administratives. *Paris*, 1825, 2 vol. — Etc.

2155. — La Police. sous MM. les ducs de Cazes, comte Anglès et baron Monnier. *Paris*, 1821, 2 tom. en 1 vol. in-8. dem.-rel.

> On y a joint les pièces suivantes : La police dévoilée, ou coup d'œil sur le gouvernement de Buonaparte, par Delaunay de Boiséluras. *Paris*, 1815. — Coup d'œil sur la police, par Laur, Gibert. 1830 — Les cinq derniers jours de la police Mangin. *Paris*. 1830. — Histoire de l'administration de Debelleyme, ex-préfet de police. 1830.

2156. — Paris. — 14 brochures in-8.

> Itinéraire de l'artiste dans les églises. *Paris*. 1833. — Recherches sur les terrains de la paroisse Saint-Sulpice, par Berty. — Les arènes de Paris. *Paris*. 1870. — Les îlots de la Cité, par Berty. *Paris*, 1869. — Le cimetière gallo-romain de la rue Nicole, par L. Landau. *Paris*, 1878. — Opinion de la province sur les arènes gallo-romaines de Paris. *Paris, s. d.* — Etc.

2157. — Paris. — Illustrations, album de gravures, texte par Jules Janin, Villemain, Tastu, etc. *Paris*, 1839, in-8. br.

2158. — De l'Organisation des bibliothèques dans Paris, par le Cte de Laborde. *Paris*, 1845, 1re, 2e 8e lettres, 5 fascicules gr. in-8. br. — Musées et bibliothèques de Paris, Idées et réformes, par Romain-Mornai (Boulanger). *Paris*, 1880. in-8, br. — Essai sur la Bibliothèque du Roi, par Le Prince. *Paris*, 1782, pet. in-12, v.

2159. — Chroniques des Tuileries et du Luxembourg, par Touchard Lafosse. *Paris*, 1850. 5 vol. in-8. cart., non rogn.

2160. — Les Galeries du Palais de Justice de Paris. 1280-1380. Mœurs, usages et tradititions judiciaires, par Amédée de Bast. *Paris*, 1851. 4 vol. in-8, br.

2161. — Histoire de l'administration de la police de Paris. 1182-1789. *Paris, Imprim. de Gratiot, s. d.*

(*vers 1852*), 2 vol. in-8, cart., dem.-rel. toile, non rogn.

Ces 2 vol. n'ont pas d'autre titre qu'un titre de départ.

2162. — Forgeais. Notices sur des plombs historiés trouvés dans la Seine. *Paris*, 1858. — Méreaux, des corporations de métiers. *Paris*, 1862. — Imagerie religieuse. *Paris*, 1865. Ensemble 3 vol. in-8, fig., br.

2163. Documents sur la peste de 1348, publ. par Michon. *Paris*, 1860. — Un épisode du 24 Février 1848, par Me De V***. *Paris*. 1850. — Mémoire sur les événements de la rue Transnonain. *Paris*, 1834, in-8, br.

2164. — Montmartre et Clignancourt, par De Trétaigne. *Paris*, 1862, in-8. br.

2165. — Catalogue de la bibliothèque de l'abbaye de S. Victor au xvie siècle, rédigé par Rabelais, commenté par le bibliophile Jacob. *Paris*, 1862, in-8, br.

2166. — Le Parlement de Paris, sa compétence. *Paris*. 1863, in-4, br. — Curiosités des Parlements de France d'après leurs registres par Desmazes. *Paris*, 1863, in-12, br.

2167. — Chroniques et légendes des rues de Paris, par Edouard Fournier. *Paris*, 1864, in-12, br.

Envoi d'auteur signé.

2168. — Notes sur l'exposition de la jeunesse qui avait lieu à Paris, à la place Dauphine et sur le Pont-Neuf, par Bellier de la Chavignerie. *Paris*, 1864, in-8, broch.

2169. — Les anciennes maisons de Paris, par Lefèuve. *Paris*, 1875, 5 vol. in-12, br.

2170. — L'Odéon, histoire administrative, anecdotique et littéraire du second théâtre français (1782-1818), par P. Porel et G. Monval. *Paris*, 1876, in-8, br.

Envoi signé à P. Lacroix.

2171. — Registre des délibérations et ordonnances des marchands merciers de Paris (1596-1696), manuscrit incendié aux archives de la ville en 1871, reconstitué avec préface et notes, par D. G. Saint-Joanny. *Paris*, 1878, pet. in-8, papier de Holl., br.

> Avec envoi à P. Lacroix.

2172. — La foire Saint-Laurent, son histoire et ses spectacles, par A. Heulhan. *Paris*, 1878, in-8, fig., br.

> Envoi d'auteur signé à P. Lacroix.

2173. — Paris-capitale, par Ed. Fournier. *Paris*, 1881, in-12, portr., br.

B. — *Écrits satiriques ou humoristiques sur les mœurs de Paris.* — *Romans dont la scène se passe à Paris.*

2174. — Les entretiens du Jardin des Thuileries de Paris, par Mercier. *Paris*, 1788, in-8. br. — Les Numéros (par de Peyssonel). *Amst. et Paris*, 1784, 4 vol. pet. in-12, br.

2175. — Mélanges satiriques et humoristiques sur Paris. 7 vol. in-12, rel. et br. — Le nouveau Diable boiteux, tableau philosophique et moral de Paris. *Paris, an VII*, in-12. fig., cart. — Le nouveau Diable boiteux, tableau de Paris au commencement du xixe siècle. *Paris*, 1803, 4 vol. in-12, av. 4 figures, dem.-rel. — Sottises et folies parisiennes, par Nougaret. 1781, in-12, dem.-rel. — Les travers des salons et des lieux publics, par Lejoyeux de St-Acre. *Paris, s. d.*, in-12, br.

2176. — Mélanges sur Paris. — 4 vol. rel. et br.

> Voyage religieux et sentimental aux quatre cimetières de Paris, par Ant. Caillot. *Paris*, 1809, in-8, cart. — Le cimetière de Monceaux. *Paris*, 1801, 2 tom. en 1 vol. in-18, fig., dem.-rel. — Le rideau levé ou coup d'œil sur les prisons de Paris. *Paris*, 1816, in-12, br. — Sainte Périne, souvenirs contemporains, par Valery. *Paris*, 1826, in-12, dem.-rel., vél. bl., tr. supér. dor.

2177. — Mes vingt ans de folie, d'amour et de bonheur, ou mémoires d'un abbé petit-maître ; où l'on trouve une esquisse des mœurs qui régnaient à Paris il y a vingt ans. *Paris*, 1807, 2 tom. en 1 vol. in-12, dem.-rel.

2178. — L'écho des salons de Paris dep. la Restauration, ou recueil d'anecdotes sur l'Empereur Buonaparte, sa cour et ses agens, des particularités piquantes concern. l'époque de la Révolution, des couplets, des chansons, des facéties, etc. *Paris*, 1815, 3 vol. in-12, dem.-rel.

2179. — Le valet par circonstance ou le panorama de quelques maisons de Paris vues dans l'intérieur. *Paris*, 1817, 4 vol. in-12, dem.-rel., vél. bl., tr. sup. dor.

2180. — Mélanges sur Paris. — 8 vol. rel. et br.

L'hermite de la Chaussée du Maine ou anecdotes inédites. *Paris*, 1819, in-12, br. — L'hermite de Belleville, par Colnet. *Paris*, 1833, 2 vol. in-8, br. — Le franc-parleur, suite de l'hermite de la Chaussée d'Antin. *Paris*, 1816, 2 vol. in-12, fig. de Desenne, br. — L'hermite du faubourg St Germin, par Colnet. *Paris*, 1825, 2 vol. — Voyage à Ste Pélagie, par Em. Debraux. *Paris*, 1823, 2 tom. en 1 vol. in-12, dem.-rel.

2181. — Le rôdeur français ou les mœurs du jour, par B. de Rougemont. *Paris*, 1818-1820, 4 vol. in-12, fig. grav. d'après Chasselat, v. m.

2182. — La Province à Paris ou les caquets d'une grande ville, par le baron de Lamothe-Langon. *Paris*, 1825, 4 vol. in-12, cart., non rogn.

2183. — Descarnado ou Paris à vol de Diable, par Darsigny. *Paris*, 1827, 2 vol. in-8, br. — Paris ou nouvelle mission de Belphégor, satire, par Flamen. *Paris*, 1838, in-8, br. — Mémoires de mes créanciers, mœurs parisiennes, par Maxime James. *Paris*, 1832, in-8, br. (*Envoi d'auteur.*)

2184. — Paris-Londres. Keepsake français illustré de vignettes, par les premiers artistes, 1837-1838. *Londres*, s. d., 2 vol. gr. in-8, br.

2185. — Salons célèbres, par Madame Sophie Gay. *Paris*, 1837, in-8, dem.-rel. — Le Miroir des Salons, scènes de la vie parisienne, par Madame de St Surin. *Paris, s. d.*, in-8, figures, br.

Envoi d'auteur signé.

2186. — Grand monde et salons politiques de Paris après la Terreur, par Louis Lacour. *Paris*, 1860, in-18, br. — Miroir des salons, réédit. augment. d'une semaine à Paris, par Madame de St Surin. *Paris*, 1834, in-8, br.

2187. Paris révolutionnaire. *Paris*, 1838, 3 vol. in-8, dem.-rel.

2188. — Quinze ans à Paris, 1832-1848. Paris et les Parisiens, par de Forster. *Paris*, 1848, 2 vol. in-8, br.

2189. — Les Filles de Paris, par Angelo de Sorr. *Paris*, 1848, 3 vol. in-8, s. rel. — Paris s'amuse. Les Marionnettes de Paris, par Véron. *Paris, s. d.*. 2. vol. in-12, br. — Dictionnaire de l'argot parisien, par Lorédan Larchey. *Paris*, 1872. in-4 à 2 col., br.

2190. — Mémoires de Bilboquet, recueill. par un bourgeois de Paris. *Paris*, 1854, 3 vol. in-12, br.

2191. — Mélanges sur Paris. — 7 volumes in-12, br.

Paris anecdote. Paris inconnu, par Privat d'Anglemont. *Paris*, 1860. — Historiettes grivoises. *Paris*, 1822. — Les Marchands de vin de Paris, par Cornevin. *Paris*, 1869. — L'Olympe à Paris, par Alby. *Paris*, 1859. — Histoire du boulevard du Temple, par Faucheux. *Paris*, 1863. — Etc.

2192. Les Communeux de Paris. 1871. Types, caractères, costumes, par Bertall. *Paris*, 1880, in-4, cart. perc. rouge.

Envoi d'auteur signé.

2193. — Les femmes des Tuileries. — La citoyenne Bonaparte, par Imbert de Saint-Amand. *Paris*, 1884, in-12, br.

Avec cet envoi d'auteur :

« A mon cher maître et ami Paul Lacroix, bien affectueux hommage de son tout dévoué. «

2194. — La rencontre au Luxembourg ou les quatre bonnes femmes, par Mme Maurer. *Paris*, 1816, 5 vol. in-12, dem.-rel., vél. bl., tr. sup. dor.

2195. — Romans parisiens. — 9 vol. rel.

Le Capucin du Marais, hist. de 1750, par Mortenval. *Paris*, 1832, 4 tom. en 2 vol. in-12, dem.-rel. bas. — Apolline ou la novice de Saint-Paul, par de Faverolles. *Paris*, 1822, 4 vol. in-12, dem.-rel vél. bl., tr. supér. dor. — Le Gascon de la rue Saint-Denis ou histoire de mon père. *Paris*, 1803, 4 tom. en 2 vol. in-12, fig., dem.-rel., vél. bl., tr. supér. dor. (*Taché*.) — Hilaire et Berthille ou la machine infernale de la rue Saint-Nicaise, par Sewrin. *Paris*, 1801, in-12, fig., dem.-rel. vél. bl.

2196. — Romans parisiens. — 7 vol. in-12., rel.

La fille du Palais-Royal. ou les amours de Clarisse et Colbar, roman épisodique et moral, par Cartier. *Paris*, 1826, 2 vol. in 12, dem.-rel., vél. bl., tr. sup. dor. (*Tach's*). — L'enfant des tours Notre-Dame ou ma vie de garçon, roman historique, par J. B. Flèché. *Paris*, 1825, 3 vol. in-12, fig., dem.-rel. — Saphorine ou l'aventurière du faubourg St-Antoine, par Merville. *Paris*, 1820, 2 vol. in-12, dem.-rel., vél. bl., tr. dor.

2197. — Etudes de mœurs parisiennes et romans dont la scène se passe à Paris ou dans les faubourgs de la capitale. — 8 vol. in-12 et in-18, rel. et br.

La laitière de Berci. *Paris*, 1806, 2 tom. en 1 vol. — La jardinière de Vincennes, par Mme de V**. *Coulommiers*, 1811, 3 tom. en 1 vol. in-18, — Sainte Périne, souvenirs contemporains, par Valery. *Paris*, 1826. — Le portier, roman de mœurs, par A. Ricard. *Paris*, 1827, 2 tom. en 1 vol. — Le cocher de fiacre ou quarante ans sur le pavé de Paris, roman de mœurs, par Aug. Ricard. *Paris*, 1829, 4 vol. — La laitière de Saint-Ouen, anecdote, par J. Rosny. *Paris*, *an VII*, in-18, fig., dem.-rel., vél. bl.

2198. — La tour St-Jacques, par le Doct. Briois. *Paris*, 1864, 3 vol. gr. in-8, avec une planche. br.

C. — *Environs de Paris.*

2199. — Mes voyages aux environs de Paris, par Delort. *Paris*, 1821, 2 vol. in-8, avec fac-simile, br.

2200. — Environs de Paris. — 4 vol. in-12 et in-8, br.

Le château de la Malmaison, par de Lescure. *Paris*, s. d. — Les tombes royales de Saint-Denis, par d'Heilly. *Paris*. 1872. — Les fastes de Versailles, par Diogène. *Paris*, 1843, in-8, br. — Voyage de Paris à Saint-Cloud, par mer et retour par terre. *Paris*, 1754, in-12, br. (*Réimpression.*)

2201. — Almanach de Versailles, année 1782, conten. la description de la ville, du château, du parc, de la famille royale, le gouvernement de la ville, etc. *Versailles*, 1782, in-16, bas. marbr.

2202. — Histoire des rues de Versailles et de ses places et avenues depuis l'origine de cette ville jusqu'à nos jours, par Le Roi. *Versailles*, 1861, in-8, avec une planche d'armoiries color., br.

2203. — Paris et Versailles il y a cent ans, par Jules Janin. *Paris*, 1874, in-8, br. — Versailles pendant l'occupation, par Delérot. *Paris*, 1873, gr. in-8, br.

2204. — Environs de Paris. 1815-1868, 8 vol. in-12, br.

> Curiosités de St-Cloud. — Palais de Trianon, par de Lescure. — Panorama de Paris à Montereau, par Mazeret. — Promenade au château royal du Jard. — Histoire de la vallée de Montmorency, par Lefeuve, etc.

2205. — Tombes royales de St-Denis, par Georges d'Heilly. *Paris*, 1872, in-12, br. — Le gibet de Montfaucon, par F. Maillard. *Paris*, 1863, in-12, br.

2206. — Vatout. Souvenirs des résidences royales. *Paris*, 1837-1845, 7 vol. in-8, dem.-rel. mar. Lavall.

> Histoire des châteaux de St-Cloud, du Palais-Royal, de Fontainebleau, Versailles, Eu, Compiègne, Amboise.

IV. — HISTOIRE DES PROVINCES DE FRANCE.

2207. — Descript. des princip. lieux de France, conten. des détails descriptifs et historiques sur les provinces, villes, bourgs, monastères, châteaux, etc., par Dulaure. *Paris*, 1789, 6 vol. pet. in-12, avec cartes, bas. marbr.

> Tomes 1 à 6, seuls publiés, contenant : La Provence, le Languedoc, le Roussillon, la haute et basse Guyenne, la Gascogne, le Béarn, la

Saintonge, l'Angoumois, l'Aunis, le Poitou, le Limousin, la Marche, l'Auvergne, le Bourbonnais et le Lyonnais.

2208. — Correspondance des contrôleurs-généraux des finances avec les intendans des finances. 1683-1708, publ. par De Boislisle. *Paris*, 1874-1883, 2 vol. in-4, br.

2209. — L'hermite en province, observations sur les usages français au commencem. du xixe siècle, par de Jouy. *Paris*, 1818-1827, 14 vol. in-12, fig., dem.-rel.

2210. — Seine-et-Marne. — 12 broch. in-8.

> Notre-Dame de Pringy, par Leroy. *Melun*, 1862. — Relation des miracles opérés à Brie-Comte-Robert au xve siècle. *Melun*, 1862. — Recherches sur les sépultures de N.-D. de Melun, par Grésy. 1845. — Lettre sur Dannemarie, par Teste. 1846. — Antiquités de la place N.-D. de Melun, par Leroy. 1866. — Notice sur les épidémies qui ont sévi à Melun, par Leroy. 1866. — Etc.

2211. — Essai sur l'histoire de Luzarches, par Hahn. *Paris*, 1864. — Fouilles de Luzarches. *Tours*, 1877, etc. Ens. 5 broch. in-8.

2212. — Histoire de Royaumont, sa fondation par St-Louis et son influence sur la France, par l'abbé Duclos. *Paris*, 1867, 2 vol. in-8, fig., br.

> Hommage à P. Lacroix.

2213. — Histoire de l'abbaye d'Avenay, par L. Paris. *Paris*, 1879, 2 vol. in-8, fig., br.

2214. — La royale entrée du Roy en la ville de Chartres (1619). *Chartres*, 1864, broch. in-8.

2215. — Chroniques de St-Mathurin de Larchant en Gatinais, par E. Bellier de la Chavignerie. *Paris*, 1864, in-12, avec une eau-forte, br.

> Envoi d'auteur à P. Lacroix.

2216. — Monographie historique de Thoré, par de Rochambeau. *Vendôme*, 1866, in-8, br.

> Envoi d'auteur signé.

2217. — Voyage à la Sainte Larme de Vendôme, étude historique et critique sur cet antique pèlerinage, par Ach. de Rochambeau. *Vendôme*, 1874, in-8, br.

Envoi d'auteur « *A M. Paul Lacroix, affectueux souvenir de son dévoué cousin.* A. DE ROCHAMBEAU. »

2218. — Journal de Jean Glaumeau, de Bourges, 1541-1562, publ. par Hiver. *Paris*, 1868, in-8, br.

2219. — Berry. Correspondance archéologique, par Boyer. *Paris*, 1863. — Noviodunum Biturigum, par Boyer. 1861. — Notes sur Bourges, par De Laugardière. 1858. — Etc. — Ens. 5 broch. in-8.

2220. — Les guerres de religion et la Fronde en Bourbonnais, par Bouchard. *Moulins*, 1867, in–8, br.

Envoi d'auteur signé.

2221. — Essais historiques sur la ville et le collège de La Flèche, par Marchant de Burbure. *Angers, an XI*, 1803, in-8, br.

2222. — Histoire des comtes du Perche, de la famille des Rotrou, de 943 à 1231, c'est-à-dire jusqu'à la réunion de cette province à la couronne de France, par O. Des Murs. *Nogent-le-Rotrou*, 1856, in-8, br.

Envoi signé à P. Lacroix.

2223. — Etude sur le territoire de la ville de Rouen, dans les temps les plus reculés, par A. Lévy. *Rouen*, 1860. — Etude sur la ville de Rouen et les rives de la Seine, par le même. *Rouen*, 1861. Ens. 2 broch. in–8.

Envois signés à P. Lacroix.

2224. — Une fête brésilienne à Rouen en 1550, par Ferdinand Denis. *Paris*, 1851, in-8, br. — Journal de la comtesse de Sanzay, intérieur d'un château normand au XVIe siècle, par de la Ferrière-Percy. *Caen*, 1855, in-8, br. (*Envoi d'auteur signé*).

2225. — Histoire de l'abbaye de Fécamp, par Gourdon de Genouilhac. *Paris*, 1872, in-8, br.

Envoi d'auteur signé.

2226. — Histoire de Soissons, dep. les temps les plus reculés jusqu'à nos jours, par H. Martin et P. L. Jacob (P. Lacroix). *Soissons et Paris*, 1837, 2 forts vol. in-8, br.

Exemplaire sur PAPIER FORT DE HOLLANDE.

2227. — Essai sur l'emplacement du Noviodunum Suessionum, par de Grattier. *Amiens*, 1861. — Précis sur Pierrefonds. *Compiègne*, 1842. — St-Quentin, par H. Martin. *S. l.* — Etc. — Ens. 5 broch. in-8.

2228. — Petites histoires du canton d'Aubruicq, par Piers. *Aire*, 1843. — Gilion de Trasignyes et sa femme, par Wolf. *Leipzig*, 1839. — Lois, usages de Sebourg. *Valenciennes*, 1846. — Notice sur le scel communal de Dunkerque. par Carlier. 1855. — Etc. — Ens. 12 broch. in-8.

2229. — Thierry d'Alsace, étude sur son règne, par Wauters. *Gand*, 1863. — De la prison de Thierry III, dit le Chauve, dans la tour de Maxéville. *Nancy*, 1839. — Ens. 2 vol. in-8, br.

2230. — Légendes et chroniques de l'Angoumois, de la Saintonge et des provinces limitrophes, par H. d'Aussy. *Barbezieux*, 1854-55, gr. in-8, à 2 col., br.

2231. — Entrée de Charles IX à Bordeaux, avec notes, par Tamizey de Larroque. *Bordeaux*, 1882, in-8, br.

Envoi signé de M. Tamizey de Larroque.

2232. — Almanach royal, la Muse Bordelaise. Etrennes aux Dames, par le chevalier Dupérier de Larsan. *Bordeaux*, 1816, 1818, 1819, 1821, 1822 et 1823. Recueil in-12, cart.

2233. — La Ruche d'Aquitaine, recueil littéraire et politique. *Bordeaux*, 1817, 1818, 1819. 3 vol. in-8, dem.-rel. v. fauve.

2234. — Discours sur la réduction de la ville de Lyon

à l'obéissance de Henry IV, par A. du Verdier, édit. publ. par P. Gonon. *Lyon*, 1843, broch. in-8, avec portrait. — Responses de Pierre La Coignée à une lettre escripte par Jean de la Souche à l'autheur du discours faict sur la réduction de la ville de Lyon. *Lyon, Rolland le Fendant*, 1594, in-8, br. avec portr. (*Réimpression*).

2235. — Loisirs médicaux et littéraires, recueil de documents pour servir à l'histoire de Lyon, par Pointe. *Paris*, 1844, in-8, br.

Envoi d'auteur signé.

2236. — Les Montagnards, tradition Dauphinoise, par Barginet. *Paris*, 1826, 3 vol. in-12, dem.-rel. v. fauve.

2237. — Le Vivarais et le Dauphiné aux Jeux Floraux de Toulouse, par F. Boissin. *Vienne*, 1878, in-8 de 110 p., br.

Envoi d'auteur signé.

2238. — Pièces historiques sur la peste de Marseille et d'une partie de la Provence, en 1720, 1721 et 1722, trouv. dans les archives de l'Hôtel de Ville. *Marseille*, 1820, 2 tom. en 4 part. in-8, av. portr. et fac-simile, br.

2239. — Aix. Documents sur les événements de 1790 à 1793. 10 pièces in-4.

Rapport sur la situation d'Aix, par Eméric David. — Compte trésoraire. — Adresses et procès-verbal. — Observation d'Henricy. — Etc.

2240. — L'Hérault historique, illustré par Alb. et Paul Fabre, avec le concours de plus. historiens et archéologues. *Montpellier*, 1877–1878, 2 vol. in-8, fig. br.

2241. — Histoire populaire des communes du départem. de l'Hérault, par Alb. Favre. *Montpellier et Nîmes*, 1879-82, 12 fascic. in-8 et in-18, br.

Histoires de Montblanc, de Rocquessels, de Fos, de Liausson, de Vailhan, de Mèze, de Mérifons, de Caussignojouls, de Balaruc-les-Bains, de Mérifons, de St-Georges d'Orques. — Etc.

2242. — Etude historique sur Fonfroide, abbaye de l'ordre de Citeaux, située dans le diocèse et la vicomté de Narbonne (de 1093 à 1790), par E. Cauvet. *Montpellier*, 1875, in-8, br.

Monographie historique des plus remarquables. — Envoi signé à Paul Lacroix.

2243. — Provinces du Midi. 16 broch. in-8.

Monuments de la ville d'Orange, par Caristie. 1859. — Le portrait des plus belles dames de Montpellier, 1841. — Notice sur Puy-Laurens, par Barbazan. 1865. — Fouilles archéologiques à Nismes, par Révoil. 1867. — Monographie de St-Alain-de-Lavaur, par Crozes. 1865. — Les antiquités d'Agen, par Chaudruc de Crazannes. 1820. — Etc.

2244. — Histoire de ce qui s'est passé à Toulouse en la mort du président Duranti. *Toulouse*, 1861, in-12, br. — Pièces historiques sur les guerres de religion de Toulouse. *Toulouse*, 1862, in-8, br.

V. — HISTOIRE ÉTRANGÈRE.

2245. — Lettres d'Angleterre. Etudes humoristiques, par Jules Lœwe, dessins de Bourgerie. *Paris*, 1851, in-8, br. — En Hollande, lettres à un ami, par Maxime Du Camp. *Paris*, 1859, in-12, br.

2246. — Relations politiques de la France et de l'Espagne avec l'Ecosse, au xvie siècle, publ. par Al. Teulet. *Paris*, 1862, 5 vol. in-8, br.

2247. — Neü Helvetischer almanach. *Zurich*, 1799 à 1822 (moins l'année 1818). 23 vol. pet. in-18 avec figures noires et costumes color., cart.

2248. — L'expédition des Catalans et des Aragonais contre les Turcs, par Moncada, trad. de l'espagnol par le comte de Champfeu. *Paris*, 1828, in-8, br.

2249. — Mémoires de la Cour d'Espagne, par Mme D*** (D'Aulnoy). *Lyon*, 1693, 2 vol. in-12, dem.-rel. mar. vert, tr. dor.

2250. — Le Portugal à vol d'oiseau, par Mad. Rattazi. *Paris*, s. d. — Lettres du Bosphore, par

Charles de Mouy. *Paris*, 1870, 2 vol. in-12, br.
Envois d'auteurs signés.

2251. — Tradition française d'une confédération de l'Italie, 1609-1859, par Berger de Xivrey. *Paris*, 1860, in-8, br. — Essai sur l'histoire de la civilisation en Italie, par A. Boullier. *Paris*, 1864, 2 vol. in-8, br.

2252. — Essai sur l'histoire de la civilisation en Italie, par A. Boullier. *Paris*, 1864, 2 vol. in-8, br.

2253. — Lettres historiques et critiques sur l'Italie, par Ch. de Brosses. *Paris, an VII*, 3 vol. in-8, br.

2254. — Voyages historiques et littéraires en Italie, par Valery. *Paris*, 1833, 5 vol. in-8, br.

2255. — Histoire des révolutions du royaume de Naples, par le comte de Modène. *Paris*, 1668, 3 vol. in-12, v.

2256. — Journal historique du siège de Peschiera, par Henin, de l'état-major. *S. l., an IX*, in-8, bas. — Documents et pièces authentiques laissés par Manin, président de la République de Venise. *Paris*, 1860, 2 vol. in-8, br.

2257. — Relation des opérations de l'armée russe en Hongrie, par Tolstoy. *Paris*, 1851, in-8, br.
Exemplaire en GRAND PAPIER.

2258. — Etudes sur la situation intérieure, la vie nationale et les institutions rurales de la Russie, par le baron de Hartausen. *Hanovre*, 1847, 2 vol. in-8, br. — Des nationalités Slaves, lettres au P. Gagarin par Korsack-Branicki. Le Nihilisme. *Paris*, 1879, in-8, br.

2259. — Histoire de la guerre Turco-Russe de 1828-29, par le capitaine Loukdanovitch. *St-Pétersbourg*, 1847, 4 vol. in-8, br. (*Texte russe*).

2260. — Dictionnaire complet des provinces de l'empire de Russie. *St-Pétersbourg*, 1858, in-4, br. (*Texte russe*).

2261. — Recueil complet des lois de l'Empire Russe. *St-Pétersbourg*, 1825-1855, 30 tom. en 55 vol. in-4, avec tables br. (*Texte russe*).

2262. — Forschungen in der alteren Geschichte Russlands von Philipp Krug. *St-Pétersbourg*, 1848, 2 vol. in-8, br.

2262 *bis.* — Nowikoff et les Martinistes de Moscou, d'après les recherches de M. N. Longuinoff, trad. du russe par Gadaruel. *Moscou*, 1864, in-4, br.

> Copie manuscrite.

2263. — Der Ehsten aberglaubische Gebrauche, Weisen und Gewohnheiten, von J. W. Boecler. (Des coutumes, manières et habitudes superstitieuses des Esthoniens). *S.-Petersburg*, 1854, 1 vol. — Mythische und Magische Lieder der Ehsten. ges. von Kreutzwald et H. Neus. *S.-Pétersburg*, 1854, 1 vol. — Ens. 2 vol. gr. in-8, br.

2264. — Beitrage zur Kentniss des Russischen Reiches und der angranzenden Lander Asiens, herausgeg. von E. von Baer und E. v. Helmersen. (Matériaux pour servir à l'histoire de l'Empire Russe et des pays limitrophes de l'Asie). *S.-Petersburg*, 1839-54, 18 tom. en 19 vol. in-8, br. (*Tomes I à XVI et XVIII, XIX*).

> Description des possessions russes dans l'Amérique du Nord, par Wrangell (en allemand). 1 vol. — Mélanges sur Khiva, Buchara, Chokand, etc. (en allemand), par Helmersen. 1 vol. — Sur les ressources territoriales de l'Asie occidentale, par J. de Hagemeister. 1 vol. — Voyage dans les montagnes de l'Oural, par Helmersen (en allemand). 2 vol. — Mélanges sur la Sibérie, rec. par Baer (en allemand). 1 vol. — Le Nestor de Pogodin, publ. par Lowe (en allemand). 1 vol. — Voyage de Hofmann aux mines d'or de la Sibérie de l'Est (en allemand). 1 vol. — Voyage de Basiner à Khiva (en allemand). 1 vol. — Voyage de Lehmann à Bouthara et Samarkand (en allemand). 1 vol. — Voyage dans une partie de la Russie d'Europe, par A. Bode (en allemand). 1 vol. — Etc.

2265. — Statistiche Reise in's Land der Donischen Kosaken durch die gouvernements Tula, Orel und Woronesh in jahre 1850 von Dr Peter v. Koppen. *St-Pétersburg*, 1852, in-8, br.

2266. — Kaspische Studien, von dem Akademiker von Baer. *St-Petersburg*, 1855, in-8, br.

2267. — Schir-Eddin's Geschichte von Tabaristan, Rujan und Masanderan. Persischer text, herausgeg. von Dr Bern. Dorn. *St-Petersburg*, 1850, in-8, br.

2268. — Die geschichte Tabaristan's und der Serbedare nach Choudemir persisch und deutsch von Dr Bern. Dorn. *St-Petersburg*. 1850, in-4, br.

2269. — Derbend-Nàmeh or the history of Derbend translated from a select Turkish version, with notes by Mirza A. Kazem-Beg. *St-Petersburg*, 1851, in-4, br.

2270. — Die Thaten Bogda Hesser Chan's, etc., eine Ostasiatische Helden sage, ubers. von J. Schmidt. (Les hauts faits de Hesser-Khan, légende de l'Asie orientale, trad. du mongol, avec le texte mongol, par Schmidt). *St-Petersburg*, 1836-39, 3 vol. in-8, br.

2271. — Juarez et Maximilien, correspondances inédites des présidents, ministres et généraux, publ. par l'abbé Domenech. *Paris*, 1868, 3 vol. in-8, br.

2272. — Les derniers sauvages, souvenirs de l'occupation française aux Iles Marquises. 1842-1859. *Paris*, 1861, in-12, dem.-rel. toile, non rog.
Envoi d'auteur à Paul Lacroix.

VI. — NOBLESSE. — ARCHÉOLOGIE. — NUMISMATIQUE.

2273. — Dictionn. des ordres de chevalerie, par Maigne. *Paris*, 1861, in-12, br. — Des distinctions honorifiques et de la particule, par Beaune. *Paris*, 1863, in-12, br. — Liste générale de tous les ordres de chevalerie militaires et civils, par Davity, publ. par J. Gay. *Turin*, 1876, in-8, br. — La gloire de l'Aigle, par Chazot. *Paris*, 1809, in-8, br.

2274. — Le pas des armes de Sandricourt. Relation d'un tournoi donné en 1493, publ. par Vayssière. *Paris*, 1874, in-12, br.

2275. — Noblesse. 1857-1867. 5 vol. in-8, br.

De la particule nobiliaire, par L. Paris et Vian. — Répertoire des dossiers du collège héraldique. — Les La Boderie, par le comte De La Ferrière. 1857.

2276. — Essai généalog. sur la Maison de Saint-Phalle, notices sur un grand nombre de maisons et digressions épisodiques sur des usages et coutumes des temps (par Gougenot des Mousseaux). *Coulommiers*, 1860, in-4, br.

2277. — Notice généalogique sur la famille Double. Extrait de l'armorial général de France de D'Hozier. *Paris*, *Didot*, 1869, plaquette in-fol., cart.

On y a joint la généalogie de la même famille Double. (Tirage à part du Nobiliaire de de Magny).

2278. — Almanachs dits de Gotha. — 44 volumes pet. in-18, cart.

Années 1813 à 1819, 1826 à 1831, 1833 à 1840, 1841 à 1843, 1845 à 1867, 1870, 1872, 1878.

2279. — Almanachs de Goettingue de 1794 à 1796, et de 1798 à 1809 *inclus*. — 15 vol. pet. in-18, figures noires et coloriées, cart.

2280. — H. K. E. Kohler's gesammelte Schriften, etc. (*Œuvres complètes de H. K. E. Kohler*, publ. par L. Stephani). *S.-Petersburg*, 1850-53, 6 vol. in-8, figures, br.

Serapis, 2 vol. — Geschnittenen steine mit den namen der Kemstler. (Pierres gravées avec les noms des artistes). 1 vol. — Gemmen-Kunde (les gemmes, etc.). 1 vol.

2281. — Alise. Interprétation de l'inscription antique, par Hugo. *Paris*, 1866. — Examen des armes trouvées à Alise, par Quicherat. 1865. — Archéologie d'Alaise, par Castan. *Besançon*, 1863, etc. — Ens. 5 broch. in-8.

2282. — Les grandes armoiries du duc Charles de Bourgogne, par Alvin. *Bruxelles*, 1859. — Fouilles de St-Révérien. *Autun*, 1844. — Le Trésor de Gourdon, par Rossignol. *Châlon*, 1846, etc. — Ens. 6 broch. in-8.

2283. — Lettres sur les tours antiques de la ville d'Aix en Provence, par E. Gibelin. *Aix*, 1787, in-4 de 34 pag., av. 14 pl. br. — Les monuments historiques de France à l'exposit. univers. de Vienne, par du Sommerard. *Paris*, 1876, gr. in-8, avec carte, br. — Des études archéologiques sur le Moyen-Age de 1830 à 1867, par Darcel. *Paris*, 1873, gr. in-8, fig., br. (*Envoi d'auteur signé*).

2284. — Procès-verbaux des séances du Comité historique des Arts et Monuments. *Paris*, 1834-1857. Revue des sociétés savantes. *Paris*, 1856-1870. — Ens. 42 vol. in-8, dem.-rel. vél. bl., plus un paquet de livraisons.

2285. — Musée d'Auxerre. Catalogue de la salle d'Eckmühl. *Paris*, 1882, in-8, portr., pap. de Holl., br.

Avec cet envoi : A M. Paul Lacroix, *affectueux et reconnaissant souvenir de l'auteur*, A.-L. Eckmühl, Marquise de Blocqueville.

2286. — Les édifices religieux de l'ancien Alger, par Alb. Devoulx. *Alger*, 1870, gr. in-8, br.

Envoi d'auteur à Paul Lacroix.

2287. — Der Ausruhende Herakles ein relief der villa Albani eslautert von Lud. Stephani. *St-Petersburg*, 1854, in-4, fig., br.

2288. — Rapports sur un voyage archéologique dans la Géorgie et l'Arménie, exécuté en 1847-48, par Brosset. *St-Pétersbourg*, 1849-51, 3 vol. gr. in-8, et 3 atlas in-4, obl., br.

2289. — Essai de déchiffrement de l'écriture assyrienne pour servir à l'explication du monument de Khorsabad, par Isid. Lowenstein. *Paris et Leipzig*, 1845. — Exposé des éléments constitutifs de la troisième écriture cunéiforme de Persépolis, par

Isid. Lowenstein. *Paris et Leipzig*, 1847. — Ens. 2 fascic. gr. in-8, pap. de Holl., br.

Exemplaires avec envois d'auteurs à P. Lacroix.

2290. — Catalogue histor. des antiquités russes du musée de Moscou. *Moscou*, 1807, in-fol., avec 29 grandes planches grav., v. marbr.

Première partie seule. *Texte russe.*

2291. — Description du Musée Russe et Slave. Manuscrits du Musée Roumiantzoff, par Vostokoff (texte russe). *St-Pétersbourg*, 1842, in-4, br.

2292. — Das Asiatische Museum der Kaiserlichen Akademie der Wissenschaften zu St-Petersburg. *St-Petersburg*, 1846, in-8, br.

2293. — Die Berufung der Schwedischen Rodsen, durch die Finnen und Slawen. (L'invocation de Rod, dieu suédois, par les Finnois et les Slaves) von E. Runik. *St-Petersburg*, 1844, 2 vol. in-8, br.

2294. — Numismatique gauloise et française. — 20 broch. in-8.

Symbolisme des médailles gauloises, par Hucher. *Blois*, 1860. — Trésor de médailles gauloises trouvé à La Souterraine. — Légendes des monnaies mérovingiennes, par Guillemot. *La Rochelle*, 1845. — Etc.

2295. — Numismatique. — 20 broch. in-8.

Prix de vente des monnaies antiques, par Sabathier. *Paris*, 1859. — Lettre de Monnet. — Cachets inédits d'oculistes romains, par Sichel. *Paris*, 1845. — Monnaies byzantines peu connues, par Soret. *Paris*, 1837. — Etc.

2296. — Catalogue des poinçons, coins et médailles du musée monétaire de la commission des monnaies et médailles. *Paris*, 1833, 1 tom. en 2 vol. in-8, interfoliés de pap. blanc, dem.-rel. v. viol.

2297. — Souvenirs numismatiques de la Révolution de 1848. Recueil complet des médailles, monnaies et jetons qui ont paru en France depuis le 22 février jusqu'au 20 décembre 1848. *Paris*, 1849, in-4, avec planches, 20 livraisons.

2298. — Monographie des monnaies arméniennes, par Brosset. *St-Pétersbourg*, 1839, in-4, avec 2 pl. br. — Rapport de l'ouvrage du prince Barataief sur la numismatique géorgienne de Brosset. *St-Pétersburg*, 1847, in-8, br.

2299. — Ch. M. Froehnii recensio numorum Muhammedanorum Academ. Imp. Scient. Petropolitanæ. *Petropoli*, 1826, in-4, br.

2300. — Tableau des monnaies, médailles et jetons orientaux, par Fusch. *St-Pétersbourg*, 1832, in-4 av. 17 planches, br. (*Texte russe*).

2301. — Die Munzen der Chane von Ulus Dschutschi's oder Goldenen Horde, etc., von Ch. von Fraehn. (Les monnaies du Chan de Ulus Dschutschi ou de la Horde dorée, avec celles de diverses autres dynasties musulmanes, etc.) *S.-Petersburg*, 1832, in-4, nombr. pl. de monnaies, br.

2302. — Annuaire de la Société française de numismatique et d'archéologie. *Paris*, 1866-67, 2 vol. gr. in-8, fig., br.

2303. — Les monogrammes historiques d'après les monuments originaux, par Aglaüs Bouvenne. *Paris*, 1870, pet. in-12, br.

VII. — MÉLANGES HISTORIQUES. — BIOGRAPHIE.

2304. — Pièces intéressantes et peu connues pour servir à l'histoire (par De La Place). *Paris*, 1788, 6 vol. in-12, v.

2305. — Lettres et pièces rares ou inédites publ. par Matter. *Paris*, 1846, in-8, br.

2306. — Bibliothèque de poche. — Curiosités diverses, publ. par L. Lalanne, P. Lacroix, G. Brunet et autres. *Paris*, 1847-1861, 19 vol. in-18, br.

Curiosités des traditions biographiques, — de l'archéologie, — anecdotiques, — théologiques, — des inventions, — historiques, — ethnologiques, — militaires, — littéraires, — bibliographiques, — des arts,

— de l'histoire de France, — judiciaires, — du vieux Paris, — théâtrales, — des croyances, — d'économie politique.

2307. — Publications de l'Académie Impér. de St-Pétersbourg. — 47 fascicules gr. in-8, br.

Mélanges gréco-romains. *St-Petersbourg*, 1850-55, 6 fascic. — Mélanges Asiatiques, *St-Pét.*, 1849-55, 9 fascic. — Mélanges Russes. *St-Pét.*, 1849-55, 10 fascic. — Mélanges mathématiques et astronomiques. *St-Pét.*, 1850-55, 8 fascic. — Mélanges biologiques. *St-Pét.*, 1851-55, 5 fasc. (Manquent fascic. 1 et 2 du tome 1er). — Mélanges physiques et chimiques. *St-Pét.*, 1849-55, 9 fascic.

2308. — Grille. Le bric à brac, avec son catalogue raisonné. *Paris*, 1853, 2 vol. in-12, br. — Autographes de savants et d'artistes, de connus et d'inconnus mis aux vents. *Paris*, 1853, 2 vol. in-12, br.

2309. — Desmazes. Variétés judiciaires et historiques. 1860-1867, 5 vol. in-8 et in-12, br.

Le Parlement de Paris. — Le Châtelet. — Pénalités anciennes. — Curiosités des anciennes justices.— Curiosités des Parlements. — Etc.

2310. — Recherches sur la légende du bonhomme Misère, par Champfleury. *Paris*, 1861, broch. in-8.

Envoi d'auteur signé.

2311. — L'esprit dans l'histoire, recherches et curiosités sur les mots historiques, par Edouard Fournier. *Paris*, 1867, in-12, br.

Envoi d'auteur signé.

2312. — Les sociétés bachiques, chantantes et littéraires, leur histoire et leurs travaux, par Arth. Dinaux. *Paris*, 1867, 2 vol. in-8, br.

2313. — Souvenirs de la jeunesse d'un curieux septuagénaire (par Feuillet de Conches). *Paris, s. d.*, in-8, br.

Tiré à 100 exemplaires et pour *distribution privée*. — Envoi d'auteur signé.

2314. — La publicité en France, avec notices historiques sur les différ. modes de publicité en usage en France, par E. Mermet, avocat. *Paris*, 1878, fort vol. in-12, rel. en perc. angl.

Envoi d'auteur : « *A M. Paul Lacroix, l'éminent littérateur, hommage très respectueux et très reconnaissant du plus humble des bibliophiles* : E. MERMET. »

2315. — La jeunesse des hommes célèbres, par Muller. *Paris*, s. d., in-12, br. — Charles Nodier, par Mad. Mennessier-Nodier. *Paris*, 1867, in-12, br. — Quelques écrivains nouveaux, par Prarond. *Paris*, 1852, in-12, dem.-rel. v. f.

2316. — Les fous célèbres. *Paris*, 1839, in-12, br. — Gens singuliers, par Lorédan Larchey. *Paris*, s. d., in-12, br. — Visionnaires et illuminés, par Firmin Boissin. *Paris*, 1869, in-12, br.

2317. — Vies des grands capitaines français du moyen-âge, par A. Mazas. *Paris*, 1828, 7 vol. in-8, dem.-rel. v. fauve.

2318. — Les femmes célèbres de l'ancienne France, par Leroux de Lincy, *Paris*, 1854, in-12, br. — Les jolies actrices de Paris, par P. Mahalin. *Paris*, 1868, in-12, br.

2319. — Biographies. — 6 volumes in-8, br.
Pierre l'Hermite, par L. Paulet. *Paris*, 1856. — Guillaume de Conches, par Charma. *Paris*, 1857. — Adolphe Guéroult, par Laurent. *Paris*, 1872. — Etc.

2320. — Bouju, président au Parlement de Bretagne (1515-1577), par Dupré. *Paris*, 1883, in-8, br.
Envoi d'auteur signé.

2321. — Vie de J. Calvin, par Théod. de Bèze, nouv. édit. publ. par A. Franklin. *Paris*, 1864, in-12, br.
Envoi autographe signé.

2322. — Rabelais, médecin stipendié, de Metz, par Ch. Abel. *Metz*, 1870, in-8, br.

2323. — Michel de L'Hospital, avant son élévation au poste de Chancelier de France, 1505-1558, par Dupré-Lasale. *Paris*, 1875, in-8, portr., br.
Envoi autographe au crayon, signé, à Paul Lacroix.

2324. — Madame de Sablé, par Victor Cousin. *Paris*, 1859, in-8, br.
Envoi d'auteur signé.

2325. — Vie privée du cardinal Dubois, premier ministre, archev. de Cambrai. *Londres*, 1789, in-8, portr., bas. racine.

2326. — Voltaire. — 5 vol. in-8, br.
Voltaire au collège, par H. Beaune. 1867. — Correspondance inédite publ. par Hennin, Foisset, Courtat. 1818-1875, 4 vol.

2327. — Biographies. — 1861-1864, 4 vol. in-12, br.
La comtesse de Maure, par Ed. de Barthélemy. — La Fontaine et Buffon, par Hinard. — Voltaire et ses maîtres, par Pierron. — Voltaire et Madame du Chatelet, par Havard. *Paris*, 1864, in-12.

2328. — Documents nouveaux sur André Chénier, par Becq de Fouquières. *Paris*, 1875, in-12, br.
Envoi autographe signé de l'auteur.

2329. — Notes sur Clodion, statuaire, par De Villars. *Paris*, 1862, br. in-8. (*Envoi d'auteur signé*). — Velasquez et ses œuvres, par Stirling. *Paris*, 1865, in-12, br.

2330. — De Goncourt (Edmond et Jules). Les Saint-Aubin. *Paris*, 1869. — Watteau. *Paris*, 1860. — Boucher. *Paris*, 1862. — 3 fascic. in-4, avec eaux-fortes, br.

2331. — Histoire véritable de la vie errante et de la mort subite d'un chanoine qui vit encore, publ. à Mayence dep. sa résurrection (par Rumpler de Rorbach). *Paris*, 1783, in-8, br.

2332. — Goya, par Mathevon. *Paris*, 1858, in-12, br. — Etude sur Franç. Goya, sa vie et ses travaux, par G. Brunet. *Paris*, 1865, in-4, br. (*Envoi d'auteur*).

2333. — Annuaire nécrologique, par Mahul. *Paris*, 1821-1827, 5 vol. in-8, dem.-rel.

2334. — Année des Dames, petite biographie pour tous les jours. *Paris*, 1820, 2 vol. pet. in-16, br.

2335. — Biographies. *Paris*, 1826, 18 vol. in-32, br.
Biographie des Chansonniers, 2 vol., des Conventionnels, des grands Criminels, des Députés, des Gens de Lettres, des Girouettes, des Médecins, des Ministres, des Ministres à pendre, des Préfets, des Qua-

rante, 2 vol., des Rois de France, des Souverains, Théâtrale, Dramatique, des Usurpateurs.

2336. — Trente ans de ma vie ou mémoires politiques et littéraires, par Labouisse-Rochefort. *Paris*, 1844-1847, 8 vol. in-8, dem.-rel.

2337. — Peintres français. — Notices sur Delaroche, par Halévy. *Paris*, 1858. — Flandrin, par Rey. *Paris*, 1864. — Histoire d'un précieux tableau peint par Lacroix. *Paris*, 1859, 3 br. in-8. — Joseph, Carle et Horace Vernet. Correspondance et biographies, par A. Durande. *Paris*, *s. d.*, in-12, dem.-rel., non rogn.

2338. — Nouvelle biographie industrielle, commerciale, géographique, statistique, militaire, historique, biographique, départementale, arrondissementale, cantonnale et communale de la France. *Paris*, 1846, in-8, br.

2339. — M. Gabriel Delessert, par J. Tripier-Le Franc. *Paris*, 1859, gr. in-8, portr., br.

Envoi d'auteur signé à P. Lacroix.

2340. — Camera lucida. Portraits contemporains et tableaux de genre, par Ch. Nisard. *Paris*, 1845, in-8, br.

On a ajouté à l'exemplaire une lettre autographe signée de l'auteur relative à cette publication.

2341. — Mémoires artistiques de mademoiselle Péan de La Roche-Jagu. *Paris*, 1861, in-12, br.

2342. — Target et son fauteuil, 1634-1880, étude crit. et bibliogr. par Moulin. *Paris*, 1884. — Diverses autres biographies, par M. Moulin, publ. à Caën de 1879 à 1884 (biogr. de Hoche, de Chapelain, de Berryer, etc.). — Ens. 12 broch. in-8.

2343. — Notice sur M. A. de Longpérier, par Fr. Lenormant. *Paris*, *Quantin*, 1882, br. in-8, portr., br.

Envoi d'auteur à P. Lacroix.

2344. — Histoire de Rothschild Ier, roi des Juifs. —

Réponse de Rothschild. *Paris*, 1846. — 2 broch.
in-12.

2345. — Biographies. — 6 volumes in-8, br.

Etudes sur les médecins numismates, par Renauldin, *Paris*, 1851. — Abailard et Héloïse, par Turlot. *Paris*, 18:2. — Jouffroy et son temps, par Fierville. *Paris*, 1874. — Vie de Grosley. *Londres*, 1787. — Etc.

2346. — Dizionario biografico dei Parmigiani illustri per Janelli. *Genova*, 1877, in-8, br.

2347. — La sepultura de Miguel de Cervantes. Memoria escrita por encargo de la Academia Espanola y leida à la misma por su director el marquis de Molins. *Madrid*, 1870, in-12, dem.-rel. toile.

Envoi signé à P. Lacroix.

2348. — Le Cardinal Morone. Etude par F. Sclopis. *Paris*, 1869, in-8, br. — Les frères Grimm, par Ferd. Baudry. *Paris*, 1864, broch. in-8.

Envois d'auteurs signés.

SUPPLÉMENT

2349. — Recueil de pièces en un vol. pet. in-8, v. m.

Hist. abr. de l'Abbaye de Port-Royal (par Mich. Tronchay). *Paris*, 1710. — Prière ou effusion du cœur sur l'enlèvement des religieuses de Port-Royal des Champs. 1710. — Gémissement d'une âme vivement touchée de la destruction de Port-Royal. 1710. — Nouv. dialogues des morts (contre les Jésuites). 1739. — Étrennes logogriphes du théâtre et du Parnasse, avec la clef pour en faciliter l'intelligence (par Pannard). *A Sipra (Paris)*, 1745. — La nouv. astronomie du Parnasse *françois* ou l'apothéose des écrivains vivans. 1740. — L'Astrologue dans le puits, à l'aut. de la nouv. astronomie du Parnasse (par La Chesnaye des Bois). 1740. — Projet d'une histoire de la ville de Paris, sur un plan nouveau (par Costa de Toulouse). *Harlem*, 1739. — Catalogue des livres imprimés en France et en Europe en 1736. — Etc.

2350. — La correctionnelle en province, croquis pris à l'audience, par Carro. *Paris*, 1860, in-12, br. — Chants de mort d'un prisonnier du Mont St-Michel, par Cotlin. *Coulommiers*, 1845, in-8, br.

2351. — Le Peuple, par J. Michelet. *Paris*, 1846, in-12, br.

EDITION ORIGINALE avec envoi autographe de l'auteur.

2352. — Versuch einer Kritik der Grunde. (Recherches crit. sur le sol), von Th. Bernhardi. *S.Petersburg*, 1848, in-8, br.

2353. — Saint Landry, verrière exécutée par L. de Rozan, d'après Galimard. *Paris, s. d.*, in-4 de 4 pl. coloriées.

Envoi d'auteur signé.

2354. — Anecdotes de la bienfaisance ou annales du règne de Marie-Thérèse d'Autriche, par Fromageot. *Paris*, 1777, in-8, avec portraits et figures de Moreau, v. marb.

2355. — Histoire dramatique, pittoresque et caricaturale de la Sainte Russie, commentée et illustrée de 500 gravures par Gust. Doré. *Paris*, 1854, in-4,br., couvert. imprim.

2356. — Mon oncle crédule ou recueil des prédictions les plus remarquables qui ont paru dans le monde, dep. le XIVe siècle jusqu'à nos jours, par Déodat de Boispréaux. *Paris*, 1820, 3 vol. in-12, fig. au lavis, dem.-rel. vél. bl., tr. sup. dor., non rogn.

2357. — Des nombres mystérieux et en particulier du nombre trois, par Fax. *Paris*, 1850, in-8, dem.-rel. vélin bl., tête dor., non rogn. (*Mouillure*). — Tabacologie et description d'un narguileh, par Kiritoglou (Emm. Vasse). *Paris*, 1869, in-12, br. (*Envoi d'auteur signé*). — Distractions enfantines, par Bonnardot. *Paris*, 1874, in-12, br.

2358. — Le Livre du Voir Dit de Guillaume de Machault, où sont contées les amours de Messire Guillaume de Machault et de Péronnelle, dame d'Armentières (publ. par Paulin Paris). *Paris*, 1875, gr. in-8, br.

2359. — Madame Rattazzi. Cara Patria. Echos italiens. *Paris*, 1873, in-8, gr. pap. vél, portr. de L. Flameng, br.

Avec cet envoi autographe signé : « *A l'ami de mon enfance et de ma jeunesse, à mon vieil ami Paul Lacroix.* MARIE RATTAZZI. »

2360. — L'ingénieux chevalier Don Quichotte de la Manche, par Michel Cervantes, trad. nouv. par Ch. Furne. *Paris*, 1858, 2 vol. gr. in-8, fig. grav. d'après H. Vernet et E. Lamy, br.

2361. — Le Singe, histoire du temps de Louis XIV (1666), par Paul L. Jacob (P. Lacroix). *Paris,*1842, 2 vol. in-8, br.

2362. — Mémoires de la vicomtesse de Fars Fausselandry ou souvenirs d'une octogénaire,événements, mœurs et anecdotes (1768-1830). *Paris*, 1830, 3 vol. in-8, dem.-rel. parch. (*Cachet sur les titres*).

2363. — Confessions de J. Quesné (de Pavilly, Seine-Inférieure), depuis 1778 jusqu'en 1826. *Paris*, 1828, 2 vol. in-8, br. — Mémoires d'un forban-philosophe. *Paris*, 1839, in-8, cart. toile, non rogné.

2364. — Relation du congrès des oiseaux de la Hte-Saône, par G. Peignot. *Paris*, 1863, broch. in-8.

Tiré à petit nombre.

2365. — Pierre Taisand. Lettres inédites de Bossuet, publ. par Milles. *Paris*, 1869, in-8 de 30 pag. — Le Comte de Caylus d'après sa correspondance, par Nisard. *Paris*, 1877, in-8 de 60 pag. (*Envoi d'auteur signé*). — Recherches sur la maison où naquit J. Guez de Balzac, par E. Castaigne. *Angoulême*, 1846, in-8, br.

2366. — Mémoires et correspondance de madame d'Epinay, édition augm. de plus. lettres. *Paris*, 1818, 3 vol. in-8, br. — Dernières années de madame d'Epinay, son salon et ses amis, par Perey et Maugras. *Paris*, 1883, in-8, br.

2367. — Dupiniana. — Recueil factice d'opuscules de Dupin. 1830-1840, 3 vol. in-8, cart. à la Brad.

2368. — Ouvrages divers de madame de Montaran.—
5 vol. in-8, et in-12, rel. et br.

La marquise de Vivonne. *Paris*, 1839, 2 vol. — Les bords du Rhin.
— Rome. — Anselme. — Passiflores. *Paris*, 1864, in-12, br.

2369. — Ahasvérus, par Edgar Quinet. *Paris*, 1843,
in-12, br. — Fables, par Carteret. *Paris*, 1862, in-
12, br. — Contes, par Mlle de Safray. *Paris*, 1864,
in-12, br. — France et Italie, par Hartman. *Paris*,
1859, in-12, br. — Variétés littéraires, par Jules Janin. *Paris, s. d.*, in-12, br.

2370. — Belletrische Blatter aus Russland, aus dem
Feuilleton der S. Petersburger Zeitung gesannelt
von Dr E. F. Meyer. (Mélanges de littérature russe
en vers et en prose, extr. du feuilleton du Journal
de S.-Pétersbourg). *St-Petersburg*, 1854, 3 années
ou vol. gr. in-8, br.

2371. — Mélanges. — 20 broch. in-8.

Les Jardins du Roman de la Rose, par Cénac Moncaut. 1869. — Fa-
ble inédite de La Fontaine, publ. par Castaigne. 1862. — Procès de la
publication du catalogue des livres du boudoir de Marie-Antoinette.
1864. — Etc.

2372. — Galerie de la presse, littérature et beaux-
arts, par L. Huart, dessins de Philipon. *Paris*,
1839, in-4, br.

2373. — Revue des provinces, décentralisation littéraire et scientifique. *Paris*, 1863-1866, 11 vol. gr. in-8,
dem.-rel vél. bl.

2374. — Mémoires d'un homme de lettres. *Paris*,
1825, in-8, dem.-rel. v. br. — Mémoires de la mar-
grave d'Anspach. *Paris*, 1826, 2 vol. in-8, dem.-rel.
v. bl. — Mémoire d'un frotteur sur la Cour de
Louis XVIII, par Touchard-Lafosse. *Paris*, 1839,
2 vol. in-8, br.

2375. — Dictionnaire des girouettes ou nos contemporains peints par eux-mêmes. *Paris*, 1818, in-8,
fig., dem.-rel. — Le Lutin couleur de feu ou mes
tablettes d'une année en 1818. *Paris*, 1819, in-12,
cart.

2376. — Mémoires secrets du vicomte de Larochefoucauld, écrits par lui-même (1814-1836). *Paris*, 1839, 2 vol. in-8, br.

2377. — A M. Alph. de Lamartine, après son discours sur la loi de la presse, par L. Bruys d'Ouilly. *Paris*, 1835, in-8 de 12 pag., pap. vergé, br. (*Envoi d'auteur*). — Maria Stella ou échange criminel d'une demoiselle contre un garçon de la condition la plus vile. *Paris*, 1838, in-8, br.

FIN

TABLE DES DIVISIONS

DEUXIÈME PARTIE

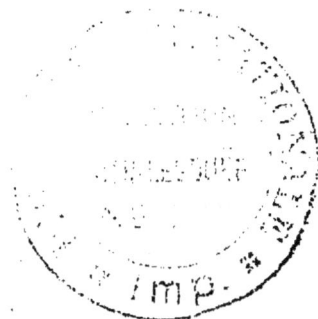

Dole. — Typ. Ch. Blind.

CONDITIONS DE LA VENTE

Les acquéreurs payeront, suivant l'usage, cinq pour cent, en sus des enchères, applicables aux frais de vente.

Les livres sont supposés complets et vendus comme tels. Ils ne seront repris pour aucune défectuosité, sauf le cas où ils seraient reconnus réellement incomplets.

Les réclamations de ce chef devront être adressées dans les vingt-quatre heures de l'adjudication. Une fois le procès-verbal clos, aucune réclamation ne pourra être admise.

Il y aura exposition, chaque jour, de 2 h. 1/2 à 4 h. 1/2 de l'après-midi, des livres qui seront vendus à la vacation du soir.

La **Librairie A. Claudin** se chargera des commissions des personnes qui ne pourraient assister à la vente, moyennant une commission de 5 0/0. — Les acheteurs du dehors, qui nous confieront leurs ordres, et qui désireraient que leurs acquisitions fussent soigneusement collationnées avant l'expédition, devront payer un droit supplémentaire équivalant au temps passé pour cette opération entièrement distincte de la commission.

ORDRE DES VACATIONS

Iʳᵉ VACATION
Mardi 22 Décembre
Nᵒˢ *1107 à 1306.*

IIᵉ VACATION
Mercredi 23 Décembre
Nᵒˢ *1307 à 1506.*

IIIᵉ VACATION
Jeudi 24 Décembre
Nᵒˢ *1507 à 1706.*

IVᵉ VACATION
Samedi 26 Décembre
Nᵒˢ *1707 à 1906.*

Vᵉ VACATION
Lundi 28 Décembre
Nᵒˢ *1907 à 2106.*

VIᵉ VACATION
Mardi 29 Décembre
Nᵒˢ *2107 à 2206.*

VIIᵉ ET DERNIÈRE VACATION
Mercredi 30 Décembre
Nᵒˢ *2208 à 2281.*

Le Mercredi 30 Décembre

A la fin de la dernière Vacation :

VENTE DU FONDS DE L'ÉDITION

du

JOURNAL DE L'ÉTOILE

11 vol. grand in-8

publié par MM. PAUL LACROIX et CH. READ,

suivant état et détail qui sera annoncé avant l'adjudication.

LA VIE AU TEMPS

DES

LIBRES PRÊCHEURS

OU LES DEVANCIERS DE LUTHER ET DE RABELAIS

Croyances, Usages et Mœurs intimes des XIVe, XVe et XVIe siècles

Par ANTONY MÉRAY

Seconde édition entièrement refondue et considérablement
augmentée, 2 très beaux volumes, pet. in-8 écu, papier
vergé, fabriqué exprès, impression de luxe en caractères
antiques, par Motteroz, titres rouges et noirs, fleurons,
en-têtes et lettres ornées, gravés par L. Lemaire avec
2 planches d'illustrations en fac-similé d'après les documents iconographiques du temps. (Au lieu de 16 fr.) Prix
net.. 12 fr.

— Le même ouvrage. En véritable GRAND PAPIER DE HOL-
LANDE, avec changement de marges, 2 superbes volumes
gr. in-8 (quelques exemplaires seulement). (Au lieu de
25 fr.) Prix net............................... 15 fr.

Cette seconde édition des *Libres Prêcheurs* est entièrement différente de
la première épuisée depuis longtemps et qui se vendait jusqu'à 20 et 25 fr.
dans les ventes. Cet ouvrage remarquable est d'une lecture attrayante et
instructive. C'est un tableau vivant où l'on retrouve les mœurs et les usages d'autrefois. Voici un extrait sommaire de la table des matières : Les
Trouvères prennent le froc. — Les Moines aux prises avec les princes tem-
porels. — Les Cornes de la reine Isabeau. — Les Moines fondeurs des
princes ecclésiastiques. — La foire aux Bénéfices. — Les précurseurs de la
Réforme. — Le tarif des péchés. — Confessions gaillardes. — Excommuni-
cation pour une paire d'éperons. — Inventions surnaturelles. — Talismans
chrétiens. - Anges et démons servant de domestiques, de confidents et
d'amants. — Incubes et succubes. — Satyres et Lycanthropes. — Descente
aux enfers de Lazare et de Tongdalus. — Purgatoire de saint Patrice. —
Conteurs et fabulistes de la chaire. — Les oies du frère Philippe. — Déli-
cate position de la Vierge. — Processions bizarres. — Danses, jeux et orgies
dans les églises. — Reliques de l'ânesse légendaire conservées à Vérone. —
Miniatures satiriques des livres d'heures et de sculptures comiques des
cathédrales. — Les précurseurs de Rabelais. — Paroles grasses, railleuses,
épicées, descriptions dangereuses, censures immodestes. — Le sort des ser-
vantes d'auberge. — Diatribe contre le mariage. — Portraits cyniques des
attraits d'une reine. — Procès d'impuissance. — Hôtelleries et voyageurs.
— Justiciers et leurs mœurs. — Les Théâtres : Mystères, moralités et
sotties. — Révélations des confessionnels et pénitentiels. — Médecins et
recettes médicales. — Étuves changées en lupanars. — Les mets, abus des
épices. — Blasphèmes. — Avortement. — Mariages par courtiers et entre-
preneurs. — Etc., etc.

DOLE. — TYP. CH. BLIND.

www.ingramcontent.com/pod-product-compliance
Lightning Source LLC
Chambersburg PA
CBHW050001100426
42739CB00011B/2460